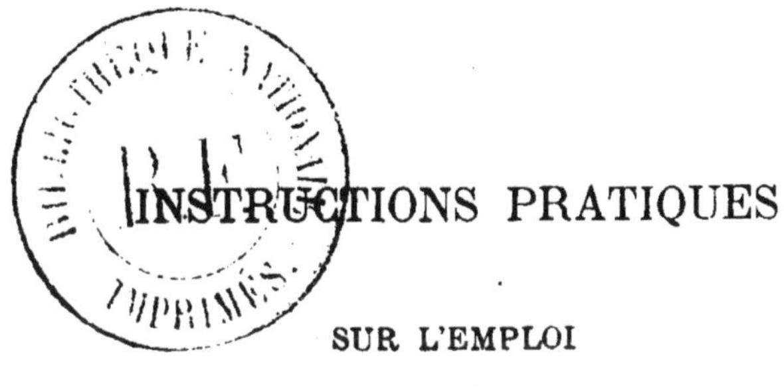

INSTRUCTIONS PRATIQUES

SUR L'EMPLOI

DES APPAREILS DE PROJECTION

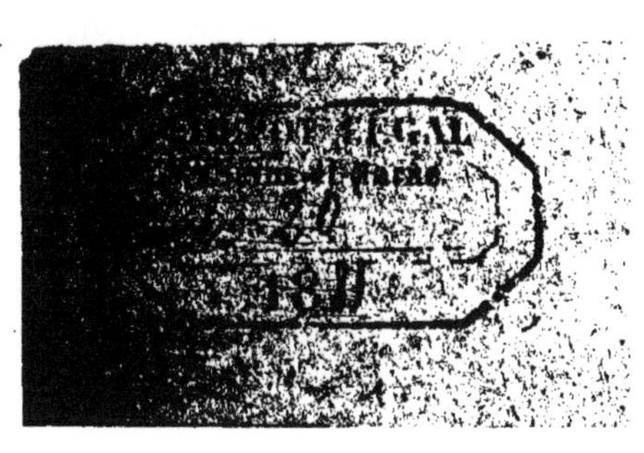

F. AUREAU. — IMPRIMERIE DE LAGNY

INSTRUCTIONS PRATIQUES
SUR L'EMPLOI
DES
APPAREILS DE PROJECTION

LANTERNES MAGIQUES, FANTASMAGORIES
POLYORAMAS
APPAREILS POUR L'ENSEIGNEMENT

FABRIQUÉS

PAR

A. MOLTENI

Constructeur d'Instruments

D'Optique, de Physique, de Mathématiques, et de Marine

DEUXIÈME ÉDITION

PARIS

44, RUE DU CHATEAU-D'EAU, 44

AVIS

DE LA DEUXIÈME ÉDITION

Nous croyons devoir appeler l'attention des lecteurs, sur cette deuxième édition de nos *instructions pratiques sur l'emploi des appareils de projection*. Cette réimpression ne diffère de la première, qu'en ce qu'elle a été augmentée d'un certain nombre de descriptions et de figures, se rapportant aux appareils qui n'avaient pu être mentionnés dans la première édition.

Nous pensons répondre ainsi à un besoin réel, comme nous l'ont démontré les nombreuses lettres d'approbation, que nous a valu l'apparition de ce petit volume.

Nous ne doutons pas que le public ne lui fasse, cette fois encore, un accueil aussi empressé et aussi sympathique que précédemment.

AVERTISSEMENT

Le but de ces instructions est de permettre aux personnes qui achètent des appareils de projection d'en tirer tout le parti dont ces instruments sont susceptibles, lorsqu'ils sont bien construits.

Depuis plus de vingt ans que nous nous occupons personnellement de la fabrication d'instruments d'optique et, en particulier, de ceux qui nous occupent en ce moment, nous en construisons annuellement un grand nombre et nous y apportons d'une manière constante tous les perfectionnements, dont une pratique de chaque jour nous a démontré l'utilité.

Si, depuis de longues années, nous nous sommes attachés à favoriser l'emploi des projections dans les leçons publiques ou particulières par tous les moyens en notre pouvoir, c'est que nous croyons que ce mode d'enseignement répond aux besoins nouveaux et qu'il est nécessairement appelé à se répandre sur une large échelle dans un avenir prochain. Nous avons pu également ainsi nous rendre compte par nous-même des difficultés que l'on rencontre dans le maniement des appareils et aviser aux moyens susceptibles de les faire disparaître ou de les atténuer. Nous rendrons de cette façon la tâche plus facile à ceux qui ne sont appelés à s'en servir que par occasion et d'une manière tout accidentelle.

Nous avons, dès à présent, la satisfaction d'avoir mis un grand nombre de personnes au courant de ces manipulations ; mais, chaque jour, des renseignements pratiques de toutes sortes nous sont demandés ; les personnes qui veulent bien s'adresser à nous, peuvent se les procurer dans notre maison directement ou par lettre ; mais elles n'ont pas toujours la possibilité de se déplacer, et souvent, par correspondance, les renseignements fournis ne sont ni assez développés ni assez explicites. Il est donc bien plus simple de pouvoir mettre à leur disposition un manuel pratique, assez complet pour leur épargner une correspondance longue et fastidieuse. C'est cette idée qui nous a inspiré la rédaction de ce petit travail, que nous avons entrepris avec l'espoir et le désir d'être utile à tous.

Nous n'avons pas la prétention de faire ici un traité didactique sur les projections. Comme notre titre l'indique, ce sont de simples instructions sur l'emploi des appareils, dans lesquelles nous nous contentons de coordonner, tout en les développant un peu, les instructions manuscrites qui accompagnent habituellement les appareils qui nous sont demandés.

Notre seule ambition est de faire profiter le public de notre expérience de chaque jour, laissant de côté toute théorie. Nous ne craignons même pas, à cet effet, d'entrer dans les détails les plus puérils ; car, sans croire qu'il y ait des opérateurs qui oublient d'allumer leur lanterne, cependant il arrive fréquemment aux personnes les plus intelligentes, lorsqu'elles ne sont pas familières avec le maniement d'un instrument, de tourner mal à propos une vis ou un robinet et de se déconcerter, par suite de l'emploi inexpérimenté, répété plusieurs fois, d'un appareil; de se rebuter et d'y renoncer, faute d'en avoir la clef. Nous voulons précisément leur éviter ces pertes de temps et ces découragements.

INTRODUCTION

Les projections considérées comme moyen d'enseignement

Nous n'avons pas ici à plaider la cause de l'enseignement par les yeux. Il y a longtemps qu'elle est gagnée auprès des gens instruits, éclairés et dégagés des préjugés. Il y a longtemps, en effet, que rien ne peut, dans l'enseignement, remplacer *ce que l'on a vu ;* les choses se gravent d'une manière bien plus profonde, bien plus durable, bien plus exacte. Le souvenir, en un mot, est plus puissant et plus fidèle. Ce mode d'enseignement exige, en outre, moins d'efforts ; et, à une époque où la multiplicité des connaissances à acquérir menace de devenir si considérable, on serait bien blâmable de dédaigner des procédés qui permettent d'apprendre plus avec moins de peine et moins de fatigue dans un temps beaucoup moindre.

En projetant sur un tableau blanc des images qui frappent par la beauté, par la netteté, par les dimensions, pouvant varier suivant les besoins et suivant la grandeur du local, on facilite l'enseignement des sciences d'une façon notable. Pour les sciences naturelles, la zoologie, la botanique, la géologie, la minéralogie, pour les sciences anthropologiques et paléontologiques, pour la géographie, les sciences physiques et chimiques, l'astronomie, peut-être même pour l'histoire, l'emploi des projections à la lumière oxhydrique est de première nécessité. Cela permet de mettre de la variété dans l'enseignement, d'y introduire quelque chose d'utile, qui cependant repose et distrait. Instruire en amusant, telle doit être, en effet, actuellement la préoccupation de tout professeur. Instruire en amusant, c'est ouvrir l'esprit de l'élève, lui faire prendre goût à l'enseignement, lui donner le désir d'aller au delà de ce qu'on lui enseigne, d'étendre la somme de ses connaissances et d'y chercher, d'y trouver un moyen de plaisir au lieu de quelque chose de rebutant qui n'inspire que du dégoût et de la lassitude.

Malheureusement, tel a été jusqu'ici, en général, le résultat produit par l'enseignement. Au lieu d'inspirer le désir de savoir et d'*apprendre à apprendre*, il a déterminé le plus souvent chez la plupart des jeunes gens une seule et unique aspiration, celle d'être délivrés de toute tension d'esprit, de tout effort de réflexion. Voilà ce que l'on a gagné à surmener d'une manière précoce de jeunes intelligences toutes neuves, à qui eût convenu un exercice modéré au lieu de cet excès d'épuisement.

Sans doute, l'idée de l'enseignement par les yeux a

fait de notables progrès en France depuis un certain nombre d'années. Elle devait en faire d'autant plus, que le besoin de la précision et de l'exactitude dans l'enseignement des sciences est plus pressant que jamais. Mais, il faut bien le reconnaître, ces progrès sont réalisés principalement dans l'enseignement libre et dans l'enseignement s'adressant au public mondain; l'enseignement officiel y est demeuré étranger d'une manière presque absolue. Les méthodes de l'enseignement officiel n'ont pas changé ; elle n'ont point changé, par cette simple raison que l'esprit dont il s'inspire est resté le même.

L'enseignement officiel nous semble avoir, à ce propos, un sentiment exagéré et mal compris de sa dignité. La plupart de ceux qui y prennent part croiraient déroger, s'ils avaient recours à ce procédé d'enseignement. Généralement, ils considèrent qu'il n'y a pas avantage à diminuer les efforts de l'élève ; qu'on ne le développe qu'à la condition de multiplier ses efforts ; que, sans cela, son esprit devient paresseux. Il faut dire qu'en tout il y a une mesure, assurément ; mais, enfin, les matières de l'enseignement sont souvent d'une assez grande aridité pour ne jamais permettre à l'élève de se reposer entièrement, et pour en exiger un travail suffisamment propre à donner à son esprit et à son intelligence la vigueur indispensable chez tout homme véritablement instruit. En surmenant les élèves, on arrive à ce résultat de former un petit nombre d'esprits très fins, très distingués, recrutés parmi l'élite, mais qui souvent sont épuisés par cette fatigue précoce et arrivent à l'âge d'homme avec des capacités à peine moyennes. En même temps, les esprits plus bruts, plus paresseux, moins bien doués, se rebutent, se découragent et constituent ces *queues de classe*, parmi lesquelles se recrutent plus tard une bonne partie des déclassés de la société.

Ceux-ci exigent plus d'aide, plus de soutien, plus d'explications, moins d'efforts ; ils ont besoin d'être traités doucement et lentement, et l'on est souvent récompensé de la peine que l'on se donne pour eux ; car, s'ils ne sont pas des élèves bien brillants dans leur jeunesse, plus tard, ils rattrapent le temps perdu et, devenus hommes, ils se rencontrent parfois, à tous les degrés de la société, dans des positions éminentes, qu'ils remplissent même avec éclat.

Oui, l'enseignement par les yeux est d'une importance considérable pour le développement de l'esprit humain, car il lui inculque des notions d'exactitude et de précision qui valent bien, en définitive, celles que l'on peut acquérir par l'étude des sciences exactes, de la géométrie, de l'algèbre, etc. Nous dirons même qu'il a une action plus saine sur la formation des idées et surtout sur le jugement.

Quand on a introduit dans les lycées les expériences de physique et les expériences de chimie, on a précisément fait un pas dans cette voie. Il faut encore marcher en avant et introduire les mêmes principes dans l'enseignement de la géographie, de la cosmographie et de l'histoire.

L'étude de la géographie est restée jusqu'à nos jours

à l'état pur et simple de nomenclature. Comme la mémoire n'a qu'une limite, évidemment sous cette forme, cet enseignemnt est aride et rebutant. Aussi le Français ignore-t-il la géographie plus qu'aucun autre citoyen du monde. Chaque élève devrait être un dictionnaire, d'après cette méthode. C'est assurément un non-sens.

On commence à peine à le comprendre. On s'aperçoit cependant déjà qu'il ne s'agit plus de se mettre des noms et des mots dans la tête. Si la mémoire fait défaut pour le détail, on a des dictionnaires et des traités de géographie pour la secourir. Il est croyable qu'ils ont été écrits pour qu'on en fasse usage.

Il est vrai que, jusqu'ici, ceux qui ont été publiés sont bien insuffisants et laissent fort à désirer. Quoi qu'il en soit, ils peuvent rendre encore bien des services. L'enseignement de la géographie doit donc aujourd'hui consister plutôt dans ce que nous appellerions volontiers « la philosophie de la géographie », c'est-à-dire dans l'étude des grandes lignes, la configuration générale des continents et des divers pays qui s'en partagent la superficie, la distribution des courants marins, la répartition des montagnes et des cours d'eau, dont l'étude ne saurait être divisée, l'hydrographie n'étant que la résultante de l'orographie.

Ce sont, en effet, les montagnes qui déterminent la destination, l'avenir d'un pays ou d'un continent. Puis il faut étudier la flore et la faune, la distribution géographique des plantes et des animaux, les grandes régions climatériques. Cela est de toute impossibilité, si l'on n'a pas recours à l'emploi des projections.

On aurait beau avoir le plus merveilleux talent de conteur, on n'arriverait jamais à inculquer à des élèves que des notions d'à peu près. La projection, grâce au concours de la photographie, y substitue immédiatement l'exactitude et la précision. Elle montre ce qui existe dans la réalité même, et empêche ainsi qu'on ne s'en fasse une idée fausse par quelque conception imaginaire. Pour donner un aperçu de la végétation tropicale ou de la végétation polaire, pour projeter des cartes de grande dimension sur un tableau, pour faire connaître les divers types de la race humaine, pour donner une idée des grandes villes, des ports de commerce, des costumes, des habitations, des animaux, des plantes, rien ne peut équivaloir à l'emploi de la projection de bonnes photographies sur un tableau.

Il en est de même en histoire naturelle. Pour que cet enseignement soit fructueux, il faudrait multiplier les tableaux. Or, ces tableaux sont coûteux; il faut, en outre, qu'ils aient de grandes dimensions et enfin, souvent, ils sont loin d'être exactement dessinés. On a bien aussi des collections d'animaux; mais elles ne sauraient jamais qu'être fort incomplètes. L'emploi des projections permet de suppléer à l'absence de ces tableaux et de ces collections, au moyen d'un ensemble de photographies sur verre, ayant chacune quelques centimètres seulement de côté.

Nous pourrions répéter la même chose pour la cosmographie et l'astronomie. Ici même l'utilité est encore plus évidente, car l'image projetée se rapproche davantage de la réalité, et on a même imaginé de petits mécanismes fort ingénieux qui permettent de figurer le mouvement simultané des divers astres du système planétaire les uns autour des autres.

Pour l'histoire enfin, n'y a-t-il pas un intérêt réel à placer sous les yeux des élèves, par exemple, le portrait des grands hommes, dont on doit leur parler, le plan d'un champ de bataille important, la vue d'une ville qui a joué un rôle considérable, soit comme siège de négociations diplomatiques, soit dans une guerre ; la carte d'une campagne, la carte d'un remaniement de territoire, etc? Il y a mille choses utiles à faire dans cet ordre d'idées. Nous n'en indiquons que les principales.

Dans toutes ces transformations de l'enseignement, le préjugé est la principale entrave. Un professeur, agrégé de l'université, par exemple, ayant tous ses diplômes de doctorat, croit au-dessous de lui de montrer la *lanterne magique*. En effet, la lanterne magique a été le point de départ de l'invention des appareils de projection. Le nom a changé, et c'est très heureux, car cette modification a seule permis de réaliser les quelques progrès qui ont déjà été accomplis.

En outre, la puissance et l'utilité en ont été notablement accrues par le concours qne l'on trouve aujourd'hui dans la photographie.

Il n'y a rien de déshonorant à montrer la lanterne magique, et la valeur d'un enseignement, loin d'en être diminuée, ne peut qu'en être sérieusement accrue.

De cette façon, on utiliserait un grand nombre d'appareils qui restent sans usage dans les vitrines des cabinets de physique. Quant au professeur de mérite, de quelque façon qu'il enseigne, il restera toujours un homme distingué; il ne faut pas que sa dignité consiste à donner à son enseignement une forme doctrinale et didactique; ce serait là du pédantisme, c'est-à-dire le contraire des méthodes les plus recommandées par la pédagogie moderne. Cela n'est pas vrai seulement pour les enfants, mais aussi pour le populaire et même pour nombre de personnes très instruites, qu'il faut souvent traiter comme de grands enfants.

L'abbé Nollet, dans ses leçons de physique expérimentale publiées en 1771, disait : « La lanterne magique, est un instrument qu'une trop grande célébrité a rendu ridicule aux yeux de biens des gens. » Pour lui, cet instrument était bien autre chose qu'un simple jouet, et encore ne pouvait-il prévoir, à ce moment-là, tout le parti qu'on en saurait tirer plus tard. Nombre de savants éminents partagent aujourd'hui l'avis de l'abbé Nollet ; malheureusement jusqu'ici, dans la science officielle, ils ne forment qu'une très rare exception.

Le professeur se sert du tableau noir pour les dessins très élémentaires; il n'en peut être de même pour les dessins compliqués, qui exigent du temps et coûtent beaucoup d'argent. On peut les faire photographier sur des plaques de verre, grandes comme la main ; le professeur peut encore les dessiner lui-même sur des plaques de verre dépoli, avant sa leçon, et les faire ensuite projeter sur le tableau blanc, qui remplace le tableau noir. Tout cela est très facile.

Sons doute il y aura des habitudes à modifier, une nouvelle méthode à suivre dans la manière de donner les leçons ; il y aura des dispositions nonvelles à prendre pour faciliter le passage du jour à la nuit, et réciproquement, dans les salles qui existent actuellement, sans troubler la classe. Mais tout cela serait très aisé, peu coûteux et des plus simples, le jour où on appliquerait le système avec le désir d'en faire réussir l'application.

C'est ce que nous allons examiner dans les chapitres qui suivent (1).

---

(1) M. Georges Renaud, rédacteur en chef de la *Revue géographique internationale*, a bien voulu se charger de la rédaction de ce chapitre.

DE L'ÉCLAIRAGE

CONSIDÉRATIONS GÉNÉRALES.

Avant de parler des appareils, il importe d'étudier les différents modes d'éclairage et d'en connaître les avantages et les inconvénients, afin de pouvoir, en toute connaissance de cause, adopter telle ou telle espèce de lumière, suivant le but que l'on poursuit et les moyens dont on dispose.

Voyons d'abord quelle est l'intensité des différentes sources de lumière pouvant être employées d'une manière pratique pour les projections.

Prenons pour unité une bougie de l'Etoile, soit...............................	1
La lumière de la lampe Carcel, brûlant 42 grammes d'huile par heure, est, comparativement, représentée par..	7 1/2
Celle de la lampe modérateur, bec 16 lignes, par..............................	9 à 10
Celle de la lampe modérateur, bec 16 lignes, avec huile camphrée, par..	13 à 16
Celle du gros bec de gaz d'éclairage, cheminée de cristal, par................	15

Celle de la lampe à pétrole, gros bec circulaire, par......	14 à 16
Celle de la lampe américaine à deux mèches, (munie de son réflecteur).....	25 à 30
Celle de la lampe américaine à trois mèches ; (munie de son réflecteur).....	50 à 60
Celle du chalumeau oxycalcique, suivant le réglage de la mèche et la construction du chalumeau, par........	100 à 200
Celle du chalumeau oxhydrique, suivant sa construction, les conditions de pureté et de pression des gaz, par...	250 à 500
Celle du magnésium, en rubans de 2m/m 1/2 de large, intensité variable, par.	200 à 250
Celle de la lumière électrique, fournie par une pile de 50 éléments Bunsen, par....................................	720
Celle de la lumière électrique, fournie par une machine magnétique, par..	1.200 à 2.000

Cela veut dire que le pouvoir éclairant de chacune de ces sources de lumière équivaut à celui d'un nombre de bougies de l'Étoile, égal au chiffre inscrit en regard. Ainsi, la lumière électrique, fournie par une machine magnétique, peut équivaloir à 1,200 ou 2,000 fois celle d'une bougie de l'Etoile.

Les chiffres ci-dessus, relevés pour la plupart sur les mesures photométriques que nous prenons journellement en essayant nos lampes et nos chalumeaux, varient nécessairement suivant les conditions dans lesquelles on opère.

La lampe modérateur qui nous sert dans nos essais est une lampe dite de 16 lignes ; sa puissance éclairante, mesurée à différentes reprises, équivaut généralement à celle de 9 à 10 bougies; mais, lorsqu'elle est mal réglée, que la mèche est mal coupée, que l'huile est de mauvaise qualité, son intensité descend à 6, tandis que si, nous mettant dans de bonnes conditions, nous carburons l'huile, en y faisant dissoudre plus ou moins de camphre, on peut atteindre la puissance de 13 à 16 bougies. De même, avec la lumière oxhydrique, un même chalumeau peut, suivant la manière dont on le règle et suivant la quantité de gaz dépensée, ne donner que la lumière de 150 à 200 bougies, ou bien égaler celle de 250 à 300 et même de 500.

Si l'on ne regardait pas à la dépense en contruisant des chalumeaux spéciaux, on pourrait encore aller au delà ; cependant, pour faire commodément des projections dans les conditions ordinaires, on ne peut guère atteindre que la lumière de 250 à 300 bougies, ce qui est largement suffisant dans la généralité des cas. Nous n'avons dépassé ces chiffres que dans certaines circonstances spéciales, telles que pour les annonces lumineuses que nous avions installées en 1869 au-dessus du café des Variétés, à Paris.

Comme on le voit, l'éclairage peut être de deux espèces : l'éclairage ordinaire, ayant une puissance de 1 à 15 ou 50 bougies, et l'éclairage intense ayant une puissance de 100 à plusieurs centaines de bougies.

Lequel doit-on préférer pour les projections ?

La source lumineuse idéale, théoriquement parfaite, serait celle qui, réduite à un point mathématique, donnerait une lumière blanche fixe d'une grande intensité.

Cette lumière idéale, nous l'avons sous la main, quand le soleil se montre et que nous disposons d'un local convenablement orienté. L'appareil et son emploi sont alors très simples ; mais, comme on est très rarement à même de s'en servir, il faut toujours en revenir à l'éclairage artificiel.

La lumière électrique possède une des qualités énoncées : l'*intensité*. C'est aussi celle qui se rapproche le plus de la source idéale, *le point lumineux ;* mais elle n'est pas blanche ; sa couleur, légèrement bleue, communique aux vues un aspect de clair de lune. Les oscillations de l'arc voltaïque, ainsi que ses variations d'intensité, se traduisent sur l'écran par un effet très désagréable pour les yeux ; aussi ne la recommandons-nous que pour les expériences d'optique : polarisation, interférences, etc., et pour le microscope.

Toutefois, en dehors de ces cas spéciaux, on fera bien de ne pas l'employer, par cette raison que la dépense est importante et que l'installation des piles ou celle d'un moteur à vapeur pour faire fonctionner une machine magnétique occasionne parfois de sérieux embarras. Plusieurs personnes, pour lesquelles nous avons monté, contre notre avis, tout ce matériel, à l'effet d'obtenir des images de 10 mètres de haut, y ont renoncé, regrettant les sommes dépensées, et sont revenues à l'éclairage oxhydrique.

La lumière oxhydrique est, en effet, l'éclairage par excellence pour ce genre d'opérations ; elle réunit la blancheur, l'intensité, la régularité ; et la source lumineuse, pour un même pouvoir éclairant, se présente sous de petites dimensions, quoique un peu plus larges que celle de la lumière électrique. Elle est aujourd'hui tellement pratique, — ne présentant, en outre, aucune espèce de danger, — que la dépense du matériel pourrait être seule un obstacle à son emploi; encore avons-nous réduit cette dépense autant que possible, puisque nous vendons moins de 250 francs un appareil de projection complet avec ses accessoires. Le prix peut encore être abaissé, à la condition d'employer un matériel moins solide. Quant à la dépense occasionnée par la production du gaz, elle est insignifiante, puisqu'elle se réduit à moins de 2 francs, pour obtenir la quantité d'oxygène nécessaire à la consommation d'une heure. C'est donc sans aucune réserve que nous conseillons l'emploi de cette espèce de lumière, et, pour cette raison, nous allons exposer, de la façon la plus détaillée, la manière de s'en servir, afin de permettre aux personnes, les plus étrangères à la pratique scientifique, d'en tirer tout le parti possible.

Nous devons peut-être mentionner encore le magnésium, quoique l'emploi n'en semble guère pratique pour les projections. L'éclat de sa lumière l'a fait ranger, il est vrai, parmi les éclairages intenses; la surface lumineuse serait assez réduite ; malheureusement, en brûlant, cette substance se tord, ce qui détermine un déplacement continuel de la flamme et trouble les images projetées à chaque déplacement du fil ; de plus, l'abondante fumée opaque de magnésie, qui se dégage, passe continuellement entre le point lumineux et les lentilles et modifie, à tout instant, l'ensemble de la projection ; on est obligé de mettre la lanterne en communication avec la cheminée la plus proche, afin d'obtenir un tirage dans l'appareil ; sinon, la fumée de magnésie ne tarderait pas à recouvrir les objets d'une poussière blanche impalpable et, en fort peu de temps, l'atmosphère de l'appartement dans lequel on opérerait ne serait plus respirable.

Le tirage par une cheminée remédie en partie à cet inconvénient ; mais on n'a pas toujours une cheminée à sa portée ; on ne peut pas toujours y établir une tuyauterie venant de l'appareil. Les tuyaux produisent, en outre, à l'œil, un déplorable effet dans une salle de conférences ou dans un salon ; ils ont encore l'inconvénient d'immobiliser l'appareil et, en somme, ils ne font pas disparaître le défaut principal de la lumière au magnésium, celui du déplacement continuel du point lumineux. Enfin, le prix élevé du magnésium, lorsqu'il s'agit d'une séance un peu longue, est une considération de plus qui s'oppose à ce que les essais faits jusqu'ici aient pu recevoir une suite.

Partant toujours de ce fait qu'à intensité égale c'est la plus petite flamme qui donne le meilleur résultat, nous voyons de suite que, parmi les éclairages ordinaires, la meilleure flamme est celle d'une bonne lampe à pétrole et que, par contre, la plus mauvaise est celle d'un bec de gaz ordinaire. Cependant, si nous nous reportons au tableau des intensités reproduit plus haut, nous voyons que la puissance éclairante d'un bec de gaz, aussi bien que celle d'une grosse lampe à pétrole, équivaut seulement à celle de 15 bougies.

Ces mesures, obtenues avec le photomètre, montrent que, dans un local donné, le bec de gaz et la lampe à pétrole éclairent avec la même intensité. Mais, dans l'appareil, il n'en est plus de même.

La flamme du bec de gaz ayant une dizaine de centimètres de haut, il n'y a d'utilisable par les lentilles que le centre de cette flamme, sur une hauteur de 3 centimètres environ, c'est-à-dire le tiers seulement de la lumière produite par ce bec, tandis que, la flamme de la lampe à pétrole ayant environ 3 centimètres de haut, toute la lumière produite passe par les lentilles.

La flamme du gaz est également, par sa couleur jaune, inférieure à celle d'une lampe modérateur brûlant bien à blanc.

Le gaz est donc, de tous les modes d'éclairage, le plus mauvais à employer ; il n'y a en sa faveur que la simplicité de son emploi lorsqu'on l'a sous la main.

Depuis bien des années, on entend parler chaque jour de lampes plus ou moins merveilleuses, donnant toujours de plus en plus de lumière ; tous ces progrès se réduisent, en général, à peu de chose au point de vue spécial qui nous occupe. Quand on gagnerait une puissance éclairante d'une, deux ou trois bougies, on ne se rapprocherait pas encore assez des éclairages intenses, pour que ces nouvelles lampes puissent entrer en comparaison avec la lumière oxhydrique ou oxycalcique.

Cela n'empêche pas toutefois qu'on ne puisse, dans nombre de circonstances, utiliser d'une manière avatangeuse les sources de lumière les plus ordinaires. Ces indications qui précèdent ont pour but de permettre aux opérateurs de procéder suivant les moyens qui se trouvent à leur disposition, sans en exclure aucun en principe. On trouvera plus loin la description d'un système d'appareil, permettant d'employer la première lampe venue, la plus basse comme la plus haute; chacun sera donc libre d'y adapter le système de lampe qui lui sera plus commode, tout en choisissant, quand il le peut, parmi ceux qui se trouvent à sa portée, le plus efficace et le plus avantageux.

Notre but n'étant pas de faire ici un traité complet d'éclairage, mais simplement de tracer des instructions pratiques, nous ne parlerons pas des essais de diverses lumières, annoncés ou tentés chaque jour, et que nous avons plus ou moins expérimentées. Nous nous faisons une règle de ne recommander à nos clients que des procédés dont l'emploi soit justifié par les résultats déjà obtenus.

II

EMPLOI DES LAMPES A HUILE ORDINAIRE ET DES LAMPES A PÉTROLE

Les lanternes magiques communes sont munies de lampes simples, comprenant un godet en fer-blanc, dans lequel trempent, une, deux ou trois mèches, brûlant à l'air libre, sans verre. Elles donnent, en général, plus de fumée que de lumière, et, comme leur emploi tend à disparaître, nous ne nous y arrêterons pas.

Nous ne nous occuperons ici que des lampes à double courant d'air, brûlant à blanc ; ces lampes peuvent être *à réservoir inférieur* ou *à réservoir supérieur*.

Une lampe à huile, comme il a été dit précédemment, peut varier en intensité du simple au double, suivant la manière dont elle est préparée, allumée et réglée ; il n'est donc pas inutile de rappeler sommairement quelles sont les précautions à prendre.

L'huile devra être de bonne qualité, surtout dans les lampes modérateurs ou les lampes Carcel. Dans les lampes à réservoir supérieur, telles que celles dites *lampes solaires*, dont la flamme est étranglée par une capsule en cuivre, la qualité de l'huile a moins d'importance.

On ne doit pas employer, dans la lampe, une huile déjà ancienne, qui aurait pu s'épaissir. Il faut la vider complètement et la remplacer par de l'huile neuve ; et, si la lampe en a besoin, il faut avoir soin de la faire nettoyer, car l'huile doit arriver abondamment et facilement jusqu'à la mèche.

On augmente la puissance de la lumière, en faisant dissoudre dans l'huile environ 100 grammes de camphre par litre. On pourrait en mettre davantage pour rendre la flamme encore plus lumineuse, mais alors il faut activer la dissolution en chauffant le tout légèrement.

On a vu précédemment qu'une lampe modérateur de 16 lignes, qui donne habituellement une lumière d'environ 8 à 10 bougies avec de l'huile ordinaire, a pu atteindre celle de 13 à 16 avec de l'huile camphrée.

C'est surtout avec les lampes solaires à réservoir supérieur, que l'on peut augmenter la dose de camphre attendu que ces lampes, qui sont à niveau constant, n'ont pas de petits conduits, comme les lampes modérateurs, et que, le courant d'air étant resserré par la capsule en cuivre qui étrangle la flamme, cet air se précipite avec bien plus de vivacité et en bien plus grande abondance. De cette manière, on obtient la combustion complète des carbures, ce qui donne une flamme très blanche.

Si l'huile venait à être trop épaisse, par suite de la

quantité de camphre ajoutée, il faudrait la verser toute chaude dans le réservoir de la lampe; puis, celle-ci une fois allumée et placée dans la lanterne magique, la chaleur de l'intérieur suffirait pour entretenir la fluidité du liquide.

La mèche doit être de première qualité et pas trop courte ; il faut qu'elle trempe suffisamment dans l'huile ; il y a donc lieu de changer la mèche avant que des tailles successives ne l'aient trop raccourcie.

Du reste, une ancienne mèche, dans laquelle l'huile a vieilli, doit être jetée. Faute de prendre cette précaution, on s'expose à n'obtenir qu'une lumière beaucoup plus faible.

La manière de tailler la mèche a aussi une grande importance ; elle doit être coupée bien nette et bien unie, afin qu'aucun fil ne dépasse ; autrement les inégalités qui resteraient auraient pour résultat de rendre la flamme irrégulière, dentelée au sommet, d'un réglage difficile et filant d'un côté ou de l'autre.

Pour arriver à couper la mèche bien nettement, le procédé est assez simple. Après avoir laisser brûler la lampe pendant quelques instants, munie de son verre, on l'éteint et on coupe la partie carbonisée de la mèche sans atteindre jusqu'à la partie blanche ; l'opération est beaucoup plus facile que sur la mèche neuve, dout les fils sans consistance se dérobent sous les ciseaux.

Il est presque inutile de dire que le verre doit être parfaitement propre et qu'il faut le placer à une hautuur convenable, ainsi que la mèche, de manière à obtenir la lumière la plus blanche possible.

Il y a lieu d'observer à ce propos, qu'une lampe, parfaitement réglée à l'extérieur de l'appareil, file une fois qu'elle est placée dans la boîte. En effet, dès que la porte est fermée, l'air s'échauffe à l'intérieur ; le tirage ne se fait plus dans les mêmes conditions, et la flamme monte de plus en plus, à mesure que la température intérieure s'élève.

Il y a donc lieu, de temps en temps, pendant les premiers moments, de rouvrir la porte de la boîte et de régler la lampe à nouveau.

Pour ne pas opérer cette manœuvre, une fois la séance commencée, il est bon d'allumer la lampe 10 ou 15 minutes auparavant et de la préparer comme il vient d'être dit.

Pour les personnes qui ne craignent pas d'introduire l'éclairage au pétrole ou à l'essence minérale dans leur intérieur, c'est, parmi les éclairages ordinaires, celui qui donne le meilleur résultat.

Les soins qu'exigent ces lampes à pétrole sont à peu près les mêmes que pour les lampes modérateurs : propreté du verre, coupe parfaite de la mèche suivant la méthode indiquée, etc.

La mèche d'une lampe à pétrole, ne se carbonisant pas autant que celle d'une lampe à huile ordinaire, n'a pas besoin d'être coupée aussi souvent. Il suffit au moment de l'allumer, d'amener la mèche au niveau du bec et de l'affleurer en passant le doigt dessus. On égalise ainsi complétement la partie déjà brûlée, et la lampe se trouve dans de meilleures conditions que lorsque la mèche n'a pas encore servi.

Un autre point très important dans les lampes à pétrole et à bec circulaire, c'est la manière dont la mèche doit être disposée lors du remplissage de la lampe.

Il faut d'abord remarquer que la mèche employée est plate et ne prend la forme cylindrique qu'en montant dans le porte-mèche, d'où elle doit sortir sous la forme d'un anneau parfait ; mais, lorsqu'on ne prend pas les précautions voulues, un des côtés de la mèche est plus élevé que l'autre. De là l'impossibilité d'obtenir une flamme bien régulière. Cet inconvénient se produit surtout, lorsqu'après avoir rempli la lampe on revisse le bec en laissant prendre la mèche. La rotation du bec sur lui-même tortille la mèche dans le réservoir et, lorsqu'on la lève, les deux côtés montent inégalement. Il faut donc, avant de remettre le bec en place, faire sortir la mèche presque complétement et ne la descendre qu'après avoir revissé jusqu'au bout la partie supérieure de la lampe.

III

ÉCLAIRAGE A LA LUMIÈRE DRUMMOND OU LUMIÈRE OXHYDRIQUE

Si l'on prend les deux fils métalliques, fixés aux électrodes d'une pile électrique, composée de plusieurs éléments, et qu'on les plonge dans un vase contenant de l'eau légèrement acidulée, dès que l'action du courant se fait sentir, on voit des bulles de gaz se dégager tout autour de chacun des fils.

Si l'on recueille les gaz ainsi obtenus par la décomposition de l'eau, on a, d'une part, de l'oxygène et, d'autre part, de l'hydrogène, dans la proportion de 1 pour le premier et de 2 pour le second.

Les anciens, qui considéraient l'eau comme un élément indécomposable, auraient été bien surpris, si on leur avait montré que ce liquide, indispensable à la vie, est composé de deux gaz ; à plus forte raison, auraient-ils été étonnés, en voyant que ces deux mêmes gaz, employés précisément dans les proportions où ils se trouvent contenus dans l'eau, sont susceptibles de produire une lumière qu'ils n'auraient sans doute pu comparer qu'à celle du soleil.

Cette dernière découverte est due au capitaine anglais Drummond, qui, en dirigeant la flamme d'un mélange de ces deux gaz sur un bâton de chaux, le rendit incandescent et produisit la lumière éclatante qui porte son nom.

Une flamme n'est vive qu'autant qu'elle contient des particules solides amenées à l'état igné par la chaleur des gaz en combustion. Par exemple, le gaz d'éclairage ordinaire ou hydrogène carburé ne doit son pouvoir éclairant qu'au carbone qu'il renferme.

Dans la lumière Drummond, le dard ou la flamme des deux gaz, mélangés à leur sortie du chalumeau, est d'un bleu clair, n'ayant aucun pouvoir éclairant ; mais la température en est tellement élevée, qu'elle fond tous les métaux et qu'elle volatilise la plupart des corps, à l'exception toutefois de ceux qui sont vraiment réfractaires, comme la chaux. Mais alors celle-ci, chauffée au rouge blanc, donne la lumière intense qui nous occupe. Comme on le voit, le cas est le même que pour le gaz d'éclairage ; c'est un corps solide, la chaux, qui émet la lumière, sous l'influence de la haute température, à laquelle elle se trouve portée par la combustion simultanée des deux gaz.

La lumière Drummond, plus connue aujourd'hui sous le nom *lumière oxhydrique*, exposait, à l'origine, ceux qui en faisaient usage à des dangers sérieux, et des accidents terribles, survenus à différentes époques, ont jeté une certaine défaveur sur l'emploi dont elle serait susceptible. Cela était justifié à cette époque ; aujourd'hui la situation n'est plus la même, car les appareils et la manière d'opérer ont été transformés du tout au tout.

A l'origine, la lumière Drummond s'obtenait en effectuant sous pression, dans un réservoir en fer, à parois épaisses, un mélange d'oxygène et d'hydrogène. Or, comme ces deux gaz, mis en présence, produisent, lorsque le feu s'y communique, un des mélanges détonants les plus violents, il est arrivé que, par suite de circonstances souvent inconnues, ces réservoirs ont éclaté, pulvérisant tout ce qui se trouvait aux alentours.

Le premier progrès réalisé a consisté dans la suppression du réservoir métallique et dans son remplacement par un sac en caoutchouc, chargé de poids et placé au dehors, loin du lieu où l'on opère. De cette façon, si l'explosion se produit, on n'a plus de désastres à redouter. On prend, en outre, des précautions multiples. On garnit le tuyau unique, amenant les gaz, d'un certain nombre de toiles métalliques ; enfin, on fait passer le mélange par des boîtes de sûreté, contenant de l'eau et munies de bouchons que la moindre inflammation partielle fait sauter. Grâce à ces dispositions, il devient bien plus difficile que la flamme se communique au sac.

En dépit de toutes ces précautions, on est encore exposé à des explosions. Il fallait donc faire mieux. On pensa alors à diviser les gaz en les mettant chacun dans un sac ou dans un gazomètre spécial. Ce fut là un perfectionnement des plus heureux, et cependant il ne met pas encore à l'abri de tout danger. En effet, avec cette disposition, les deux gaz sont séparés à l'origine ; mais, si deux tuyaux les amènent au chalumeau, ils se mélangent encore avant d'arriver au bec, de sorte que, si la pression n'est pas égale sur les deux sacs ou si, pour une cause quelconque, elle vient à être modifiée, le gaz du sac le plus comprimé refoule l'autre et pénètre dans son réservoir, où s'effectue le mélange; on se retrouve donc alors dans la même situation que si on ne possédait qu'un seul et même réservoir pour les deux gaz.

On a été amené alors à construire des chalumeaux, tels que nous les fabriquons aujourd'hui, c'est-à-dire dans lesquels tout mélange est impossible. Les gaz étant séparés jusqu'à la sortie, ne se combinent qu'à l'air libre, c'est-à-dire, lorsque tout danger a disparu.

Enfin, *au point de vue de la sécurité*, la manière d'opérer ne laisse plus rien à désirer.

On supprime le sac contenant l'hydrogène; on substitue à ce gaz le gaz d'éclairage ordinaire, que l'on amène à l'appareil par un tuyau de caoutchouc adapté au premier bec de gaz venu; on n'a plus ainsi qu'un sac, celui qui renferme l'oxygène. Comme ce gaz, tout en entretenant la combustion des autres corps, n'est lui-même inflammable à aucun degré, l'opération ne présente plus de danger. En procédant ainsi, aucun accident n'est donc possible, quand même on chercherait à en provoquer.

Actuellement, il existe cinq moyens pratiques d'employer l'oxygène dans les projections.

1° Ayant le gaz d'éclairage à sa disposition, on peut l'amener directement de la conduite la plus proche jusqu'à l'appareil ; dans ce cas, on n'a besoin que d'un seul sac renfermant l'oxygène.

2° Si l'on n'a pas de gaz d'éclairage à sa portée, on en remplit à l'avance un sac que l'on apporte sur le lieu des séances.

3° On peut encore préparer à l'avance de l'hydrogène au lieu de gaz d'éclairage et l'enfermer également dans un sac.

4° Le gaz d'éclairage ou l'hydrogène pur faisant défaut, on peut employer de l'air carburé, qui s'obtient très facilement à l'aide des essences minérales légères, qui se trouvent aujourd'hui dans le commerce.

Il suffit de faire passer par un carburateur, contenant l'essence convenable, de l'air provenant d'une soufflerie. De cette façon, cet air devient inflammable et se comporte alors comme du gaz d'éclairage.

Nous construisons spécialement dans ce but des appareils simplifiés qui donnent de bons résultats.

5° Enfin, on peut avoir recours à la *lumière oxycalcique*. On se passe alors complètement d'hydrogène ; on en remplace la flamme par celle d'une forte lampe à alcool, que le courant d'oxigène projette sur un bâton de chaux.

Nous allons maintenant examiner comme il faut s'y prendre pour préparer le ou les gaz nécessaires à l'opération ; puis, une fois nos sacs remplis, nous étudierons comment on doit les utiliser.

IV

PRÉPARATION DE L'OXYGÈNE

En dehors des procédés industriels, qui ne sont applicables qu'en grand, il existe dans les laboratoires bien des moyens de se procurer l'oxygène. Mais nous nous contenterons de faire observer qu'en ce qui nous concerne, chaque fois que nous avons tenté des essais à cet égard, nous sommes toujours revenus à la préparation par le chlorate de potasse, comme étant la plus simple et, en somme, la plus économique, surtout aujourd'hui qu'on peut se procurer ce sel à un prix très peu élevé.

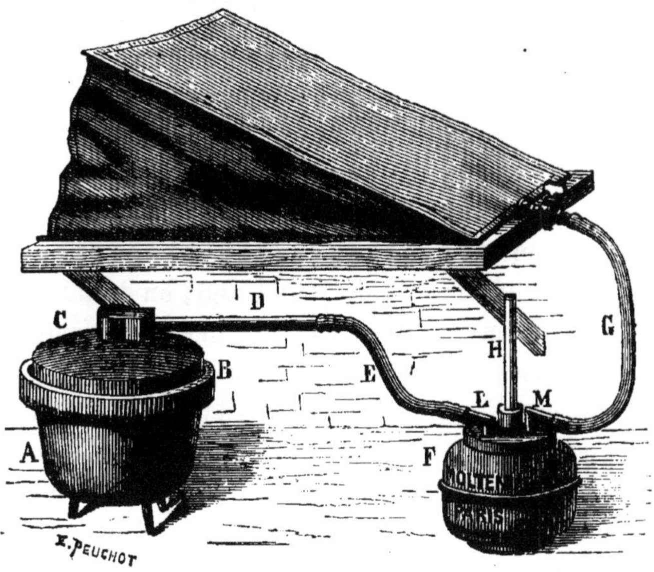

Fig. 1.

L'appareil avec lequel se prépare l'oxygène est composé de deux pièces principales : la cornue A fig. 1), en fonte, et le laveur F, que nous fabriquons maintenant en métal, car nous avons renoncé depuis longtemps aux laveurs en verre, qui, en réalité, ne présentent aucun avantage et ont l'inconvénient d'être assez fragiles.

Le sac destiné à recueillir l'oxygène est représenté dans le haut de la figure ; il peut être cylindrique, cubique, sphérique, etc.. : mais, après l'essai de chacune de ces formes, nous en sommes toujours revenu au sac en forme de soufflet représenté dans la figure ci-contre.

Comme dimension du sac, nous conseillons deux formats suivant les cas : le sac de 125 litres, qui suffit pour une séance de 3/4 d'heure à 1 heure, et celui de 250 litres, qui donne de l'oxygène pendant 1 h. 1/2 ou 2 heures.

Le bon marché apparent coûte parfois trop cher dit-on. C'est bien le cas pour les sacs à gaz. Un sac d'une dimension déterminée peut se rencontrer avec des différences de prix de 20 à 25 0|0 ; on en fabrique qui se composent uniquement d'une toile enduite d'une simple dissolution de caoutchouc. Cela peut être suffisant pour servir un petit nombre de fois ; mais, si on veut obtenir d'un sac un service sérieux et de longue durée, et surtout si on doit le charger beaucoup, il faut qu'il soit d'une tout autre qualité. Les feuilles de caoutchouc qui entrent dans sa fabrication étant d'un prix élevé, le sac coûtera nécessairement plus cher en apparence : mais avec un long usage, il finira par revenir à un prix moindre que si l'on était obligé de le remplacer plus souvent par un autre sac d'un prix moins élevé ; de plus, un sac bien conditionné est réparable, tandis que les autres peuvent rarement l'être.

Nous croyons devoir ajouter que les sacs deviennent parfois assez durs, lorsqu'ils sont restés longtemps exposés au froid sans servir. Il suffit, pour leur rendre leur souplesse primitive, de les disposer pendant quelques heures, à deux ou trois mètres d'une cheminée ou d'un poêle, ou bien de verser à l'intérieur quelques litres d'eau à une température d'environ 40°. Nous avons ainsi ramené à leur état primitif des sacs qni n'avaient pas servi depuis une dizaine d'années.

Dans quelques cas spéciaux, on peut se servir de gazomètres en métal, dont les dimensions varient suivant les services qu'ils sont appelés à rendre.

On emploie encore comme récipients des cylindres dans lesquels on comprime l'oxygène à plusieurs atmosphères : mais ce genre de réservoir nécessite un matériel qui ne peut être installé que dans une usine spéciale.

Pour remplir un sac de 250 à 270 litres, il faut mettre dans la marmite A 1 kilogramme de chlorate de potasse et 1 kilogramme de peroxyde de manganèse, *ce dernier ayant été préalablement calciné.*

Il est bien entendu que, pour remplir un sac d'une capacité moitié moindre, la quantité de produits sera également diminuée de moitié. La diminution serait la même proportionnellement pour toute autre quantité de gaz que l'on voudrait obtenir.

Les produits ne doivent pas être mis l'un après l'autre dans la marmite ; au contraire, ils doivent y être bien mélangés. A cet effet, on les verse sur une feuille de papier, où il est facile, à l'aide d'un couteau de bois ou d'une palette, d'effectuer ledit mélange.

Les produits étant dans la marmite, on coule dans la rigole du plâtre à mouler, gâché, ni trop liquide, ni trop épais ; on met en place le couvercle C, dont le tour doit être pareillement plâtré.

Au bout d'une demi-heure environ, c'est-à-dire quand le plâtre est bien sec, la marmite est prête à être chauffée.

Au tube D de la marmite s'adapte un tube de caoutchouc E, dont l'autre extrémité se fixe à la tubulure du laveur F. Sur cette tubulure se trouve écrit le mot ENTRÉE. A l'autre tubulure, portant le mot SORTIE, s'adapte le tube de caoutchouc G, dout l'autre extrémité doit être chaussé plus tard sur le robinet du sac.

On remplit à moitié avec de l'eau le laveur F, dans la grosse tubulure duquel on introduit un tube en verre H, traversant un bouchon de liège ou de caoutchouc.

Pour purifier plus complètement l'oxygène, il est bon de faire dissoudre un peu de potasse dans l'eau du laveur ou d'y mettre de la chaux en poudre.

Le tout étant ainsi disposé, on allume le feu sous la marmite ; ce feu peut être entretenu, soit avec du charbon de bois, soit même avec de petits fagots, ce qui est préférable, parce que la flamme du bois peut envelopper la marmite. Un chauffage au gaz d'éclairage pouvant être modéré à volonté, est aussi d'un très bon emploi, et, si l'on a le gaz à sa disposition, on ne devra pas hésiter à s'en servir. Il nécessite, à la vérité, l'emploi d'un petit fourneau spécial, mais qui présente l'avantage de n'exiger que peu de surveillance, une fois l'opération mise en route.

Aussitôt que l'influence de la chaleur se fait sentir, on entend un barbotement dans le laveur ; c'est le gaz qui commence à se dégager.

On laisse perdre la première partie du gaz qui se dégage, car elle emporte l'air qui se trouvait à l'intérieur de l'appareil. Au bout de quelques instants, lorsque le barbotement devient plus rapide, on essaye le gaz au bout du tube G, en présentant à l'orifice du tube une allumette éteinte, mais encore en ignition; elle doit se rallumer aussitôt, si le gaz qui arrive à l'ouverture du tube est bien de l'oxygène pur.

Dès que la pureté de l'oxygène a été constatée, on chausse le tube G sur le robinet du sac, en ayant soin de tenir ce robinet ouvert, ce qui est facile à constater par la position de la clef. Quand elle est en travers, le robinet est fermé; c'est le contraire qui a lieu quand elle est en long. Tous nos robinets de sacs, chalumeaux, etc., sont ouverts, lorsque la clef est en long.

On continue à entretenir le feu, et l'opération suit son cours.

Au bout d'environ une demi-heure ou de trois quarts d'heure, le barbotement se ralentit et cesse assez brusquement.

Il faut à ce moment fermer le sac, qui est alors plein, et retirer DE SUITE le tube E de la marmite.

Lorsque la marmite est refroidie, on enlève le couvercle et, avec le premier morceau de fer venu, on détache le résidu qui s'y trouve.

Ce résidu ne doit pas être jeté, car il y aura lieu d'en faire emploi, comme on le verra plus loin.

Pendant l'opération, n'oublions pas de faire remarquer que le laveur doit être placé plus bas que la marmite et que le sac doit, au contraire, être tenu plus élevé.

Quand l'appareil est monté, il est bon, avant de commencer, de souffler au travers des tuyaux, afin de s'assurer qu'ils sont libres de tout obstacle.

REMARQUE. Nous recommandons d'employer du peroxyde de manganèse, préalablement calciné et en grains plutôt qu'en poudre, parce que le peroxyde de manganèse, tel qu'on le trouve dans le commerce, contient presque toujours des impuretés, telles que du charbon, de la paille, de petits morceaux de bois et d'autres produits végétaux, qui ont l'inconvénient de produire une combustion dans la marmite et, par suite, de faire manquer l'opération.

Il faut donc, lorsqu'on fait un nouvel achat de peroxyde de manganèse, le calciner avant de l'employer, ce qui est facile. On le dispose, à cet effet, sur une plaque de tôle ou dans une poêle à frire. Cette calcination ayant pour objet de détruire toutes les matières végétales qui peuvent s'y trouver, il faut chauffer assez fortement pour rougir la plaque, et la maintenir dans cet état pendant un quart d'heure environ.

Un résidu, provenant d'une opération précédente, a l'avantage de ne pas contenir ces matières végétales. On peut donc s'en servir de nouveau; mais, auparavant, il faut le laver à grande eau et le faire *sécher complètement* avant de l'employer une seconde fois.

Quand on vide la marmite, le mieux est de jeter le résidu dans un seau en bois plein d'eau ou dans un vase de terre, mais non dans un vase de métal. On le laisse séjourner dans l'eau pendant quelques heures, puis on rince une ou deux fois, en changeant cette eau ; enfin, on étend le résidu au soleil ou devant le feu pour le sécher complètement. Il faut éviter avec soin qu'aucun corps étranger ne vienne se mêler au résidu pendant qu'il sèche. Ce résidu peut ainsi servir indéfiniment.

Le manganèse calciné n'agit que comme corps inerte, servant à diviser le chlorate de potasse. Il rend la répartition de la chaleur plus égale ; mais il n'est pas d'une nécessité absolue que les deux produits soient mélangés par parties égales : pour un kilogramme de chlorate, par exemple, on peut n'employer que 500, 600 ou 700 grammes de peroxyde de manganèse, mais alors la décomposition se fait moins régulièrement.

Dans le cas où l'on opérerait sur un mélange contenant une faible proportion de peroxyde de manganèse, il faudrait conduire le feu plus lentement. Le chauffage au gaz, très bon pour les préparations de ce genre, devient excellent en cette circonstance, puisqu'on peut à volonté donner plus ou moins de flamme.

Il faut avoir soin d'employer le chlorate de potasse en paillettes ou en cristaux et de ne pas le réduire en poudre ; sans cela, on s'exposerait à un dégagement de gaz trop violent.

Avant de mettre le sac en communication avec l'appareil, il est bon de le rouler très serré sur lui-même, le robinet restant ouvert ; on chasse ainsi l'air qui peut se trouver à l'intérieur et qui nuirait à la qualité de l'oxygène. Cette précaution est surtout indispensable lorsque le sac a été rempli précédemment d'hydrogène. Du reste, il est préférable de ne pas se servir du même sac pour y mettre successivement l'un et l'autre de ces deux gaz. Si on y était obligé par les circonstances, il faudrait, au préalable, gonfler le sac d'air, puis le vider complètement avant d'introduire le nouveau gaz.

Pendant la préparation de l'oxygène, il faut éviter de laisser refroidir l'appareil, même un seul instant.

En effet ce refroidissement déterminerait une condensation du gaz et ferait remonter l'eau du laveur dans l'intérieur de la cornue. L'eau, en contact avec les produits en fusion, serait décomposée, et il pourrait en résulter un accident.

Un fait de ce genre nous ayant été signalé, nous

croyons devoir appeler l'attention du lecteur sur ce détail. Cette possibilité d'accident nous avait frappé il y a bien des années. Aussi avions-nous conseillé, à une certaine époque, de placer entre le laveur et la cornue un laveur sec ne contenant pas d'eau. Si l'absorption vient à se produire, l'eau passe dans le laveur sec et ne peut pas remonter dans la cornue, les tubes du laveur de sûreté étant disposés à cet effet. Nous avons également construit des laveurs à double compartiment, permettant d'éviter cet inconvénient.

V

PRÉPARATION DE L'HYDROGÈNE

Quand on n'a pas le gaz d'éclairage à sa disposition et que l'on veut obtenir une lumière plus intense que celle fournie par le chalumeau à alcool et à oxygène, il faut nécessairement recourir à l'emploi de l'hydrogène.

Dans les laboratoires, on se sert, à cet effet, de deux flacons en verre, d'une contenance de 6 à 8 litres, ayant chacun une tubulure à la partie inférieure. Les deux tubulures étant réunies par un tuyau de caoutchouc, on met au fond de l'un des flacons des débris de verre, de manière à le remplir jusqu'au-dessus de la tubulure; puis, on achève de remplir aux trois quarts avec du zinc en grenaille.

Dans l'autre flacon, on verse de l'eau acidulée et, dès que le liquide, passant par le tuyau de caoutchouc arrive sur le zinc, l'hydrogène se dégage. Cet appareil est simple et commode; cependant, il a l'inconvénient de tous les appareils en verre, à savoir, d'être d'une grande fragilité, même mettant hors de cause les chances de casse provenant des chocs. Nous avons eu souvent des flacons fendus par suite de l'élévation de la température, due à l'action chimique très intense qui se produit pendant l'opération; aussi avons-nous abandonné cet appareil et avons-nous adopté, après différentes transformations, celui représenté par la figure 2.

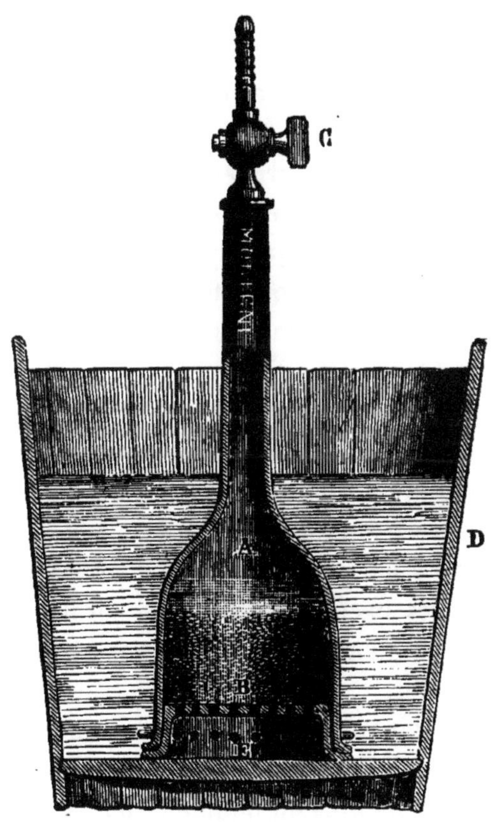

Fig. 2.

A est une cloche en plomb, dont le fond mobile B est percé de trous sur sa partie plate ; il en existe également une autre rangée dans son pourtour inférieur, afin de permettre au liquide de monter dans l'appareil.

La cloche A est surmontée d'un tuyau en plomb, terminé par un robinet C.

Pour changer l'appareil, on le retourne, de manière que le robinet se trouve en bas ; on enlève le fond et on remplit la cloche aux trois quarts avec de la grenaille ou avec des rognures de zinc roulées sur elles-mêmes, puis on remet le fond en place.

Pour obtenir de l'hydrogène, il suffit de plonger l'appareil dans un baquet qui contient un mélange d'eau et d'acide sulfurique, renfermant une proportion d'un kilog. d'acide pour 6 kilogr. d'eau.

Ce mélange doit être fait à l'avance afin de lui laisser le temps de se refroidir.

Comme il est bon de noyer complètement la cloche dans le liquide, si le baquet est un peu grand, on augmente les quantités d'eau et d'acide dans les proportions ci-dessus indiquées.

Si le liquide est en plus grande quantité qu'il n'est nécessaire, cet excédent n'est pas perdu, puisqu'il peut servir, jusqu'à épuisement, à une série d'opérations semblables.

Lorsqu'on plonge l'appareil dans le baquet, le robinet C étant fermé, il ne se produit rien, l'air intérieur s'opposant à la montée du liquide ; mais, dès que l'on ouvre le robinet, l'air s'échappe, l'eau acidulée prend sa place et attaque le zinc ; l'eau se décompose, et l'hydrogène se dégage.

Pour arrêter l'opération, il suffit de fermer le robinet ; le gaz, continuant à se former, refoule le liquide, et l'opération cesse d'elle-même ; on peut suspendre et faire recommencer le dégagement autant de fois qu'on le désire, et cela, à des intervalles plus ou moins éloignés.

Comme on le voit, cet appareil, excessivement simple, se recommande par sa grande commodité, puisqu'une fois qu'il est installé, il suffit de tourner le robinet pour avoir de l'hydrogène.

Avec les appareils que nous construisons habituellement et qui sont faits pour être portatifs, on peut alimenter directement et pendant quelque temps un bec de petite ouverture ; mais ils sont surtout destinés à remplir des sacs ou des gazomètres.

Pour alimenter d'une façon continue un chalumeau à grosse ouverture, on donne à la cloche de plus fortes dimensions ou bien l'on peut mettre en fonctions à la fois deux, trois, quatre appareils à hydrogène, etc., et amener au chalumeau, au moyen d'un tuyau unique, le gaz que dégagent ces appareils.

L'hydrogène peut être recueilli dans le sac directement à la sortie de l'appareil ; cependant, comme il entraîne avec lui des traces d'acide, il est bon, pour ménager les sacs, de le faire passer auparavant dans un laveur contenant de l'eau, rendue alcaline au moyen de potasse qu'on y fait dissoudre.

Le gaz est amené au sac par un tuyau de caoutchouc, adapté soit directement au robinet C, soit au tube de sortie du laveur. Avant de mettre ce tuyau en communication avec le sac, il faut laisser perdre le premier gaz dégagé, qui est nécessairement mélangé à l'air, qui se trouvait répandu dans l'appareil et les tuyaux.

Il faut avoir aussi la précaution de bien vider le sac auparavant en le roulant sur lui-même, afin d'en chasser tout l'air qui pourrait y être resté, comme il a été déjà dit précédemment.

Il importe de ne pas oublier que l'hydrogène n'est point inoffensif comme l'oxygène et qu'on doit éviter d'en approcher une lumière, attendu que la moindre fuite s'enflammerait.

Dans toutes les manipulations relatives à l'hydrogène, on est obligé de prendre les mêmes précautions que celles qui sont d'usage pour le maniement du gaz d'éclairage ; il ne faut pas le laisser échapper dans l'appartement et surtout ne pas rechercher les fuites à l'aide d'une lumière.

Si l'oxygène peut, sans inconvénient, être conservé dans un sac, il n'en est pas de même de l'hydrogène, et nous recommandons, à cet égard, d'une manière toute spéciale, de ne jamais employer que de l'hydrogène préparé le jour même. En se servant d'hydrogène préparé depuis plusieurs jours, on est exposé à ce que de l'air se soit infiltré dans le sac, soit par endosmose, soit autrement, et qu'il y ait formé un mélange explosif.

Pour des raisons semblables on ne doit pas employer de l'hydrogène conservé depuis un certain temps dans un gazomètre, même en métal.

VI

PRODUCTION DE LA LUMIÈRE OXHYDRIQUE

1° *Manière d'opérer sans réservoir d'hydrogène.*

Lorsqu'on peut disposer de gaz d'éclairage, en même temps que d'un sac rempli d'oxygène, la production de la lumière oxhydrique est tellement simple, que journellement nous préférons allumer un chalumeau pour essayer un appareil ou même pour éclairer un travail fait la nuit, plutôt que de nous servir d'une lampe ordinaire. Remplir celle-ci d'huile, y mettre une mèche, la couper, nettoyer le verre, etc., etc., nous semble une besogne beaucoup plus désagréable que celle qui consiste à tourner simplement des robinets et à présenter une allumette au bec du chalumeau.

En effet, trouvant tous les éléments réunis sous sa main, on n'a plus que trois choses à faire : mettre un bâton de chaux en place, adapter les deux tuyaux de caoutchouc au robinet, puis allumer.

Nous répéterons encore que cette première manière d'opérer n'offre absolument aucun danger.

La figure 3 représente le sac rempli d'oxygène, engagé sous son pressoir. Ce pressoir se compose de deux fortes planches réunies par des charnières et ayant une échancrure, par laquelle on laisse passer le robinet du sac. Vers l'extrémité supérieure de la planche de dessus se trouve une traverse, derrière laquelle on met les poids qui doivent comprimer le gaz et le chasser dans le chalumeau.

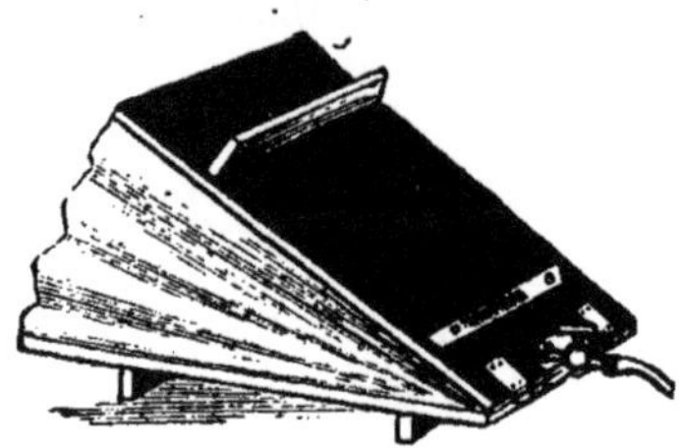

Fig. 3.

Sur un sac de 250 litres, il est bon de mettre, en moyenne, de 70 à 80 kilogr. ; cette pression, du reste, peut varier suivant l'intensité que l'on veut obtenir. On trouvera plus loin des renseignements précis à cet égard.

Avec une charge de 80 k., un sac de 250 litres dure 1 h. 1/2 à 2 heures, suivant la façon dont on règle les robinets du chalumeau.

Sur un sac plus petit, la quantité de poids à mettre sera nécessairement moindre.

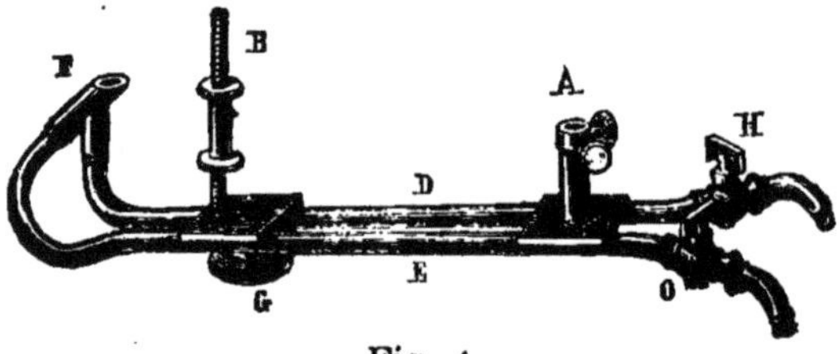

Fig. 4.

Le chalumeau, représenté par la fig. 4, permet d'éviter tout mélange des gaz. C'est celui-là qui convient le mieux pour qu'on ait la certitude que les deux gaz sont complètement isolés l'un de l'autre, puisque les deux tuyaux D et E sont indépendants et que les gaz ne peuvent se réunir qu'à la sortie, en F, c'est-à-dire à l'air libre.

Cette disposition a de plus l'avantage énorme de permettre d'employer les deux gaz avec des pressions très différentes, ce qui est particulièrement indispensable dans le cas qui nous occupe, puisque le gaz des villes n'arrive à destination qu'avec une pression de 2, 3, 4, 5 centimètres d'eau, pression bien inférieure à celle à laquelle est soumis ce même gaz dans le gazomètre de la compagnie, tandis que l'oxygène, chargé comme on vient de l'indiquer, subit une pression variant entre 12 et 20 centimètres d'eau.

Les formes des chalumeaux à gaz indépendants varient à l'infini, suivant les besoins; mais le principe reste le même. Ainsi, nous employons également des chalumeaux concentriques, où les tubes, au lieu d'être séparés, sont renfermés l'un dans l'autre sur une partie de leur parcours.

Sur la broche B, fig. 4, se place le bâton de chaux, percé à l'avance d'un trou *ad hoc ;* au robinet O s'adapte le tuyau de caoutchouc venant du sac, et au robinet H, celui qui amène le gaz d'éclairage. Pour faire arriver celui-ci en abondance, il est préférable de prendre le gaz sur une amorce spéciale, donnant un large débit; pour cela, un robinet, avec un trou d'un centimètre, est suffisant. Si l'on ne possède cette prise spéciale, on dévisse le bec de gaz le plus voisin, sur le pas de vis duquel on fixe le tuyau de caoutchouc.

On ouvre en premier le robinet H et on allume l'hydrogène. Puis, doucement, on ouvre le robinet O, afin que l'oxygène n'arrive que graduellement. Sous l'influence du jet simultané des deux gaz, la chaux devient incandescente.

Mais il ne suffit pas d'avoir de la lumière ; il faut encore l'obtenir avec le plus d'intensité possible. De là, la nécessité de procéder au réglage des robinets ; de ce réglage, qui a une très grande importance dépend la quantité de lumière que l'on doit obtenir.

Réglage des robinets.

Si l'on opérait toujours avec de l'hydrogène pur, soumis à la même pression que l'oxygène, on pourrait pratiquer dans les robinets des ouvertures ayant des dimensions dans le rapport de 1 à 2, afin de laisser arriver deux fois plus d'hydrogène que d'oxygène. Il suffirait de les tenir tous les deux grands ouverts pour produire le maximum de lumière. Il n'en est pas ainsi, lorsqu'on fait usage du gaz d'éclairage pris sur la tuyauterie d'un établissement; non seulement le gaz est plus ou moins carburé suivant les villes, mais la pression varie d'un endroit à un autre. Dans une même maison, elle varie continuellement suivant que les becs des alentours sont en activité ou non. Chez nous, par exemple, lorsque le gaz des ateliers est allumé, nous n'avons dans notre salle d'expériences que 3 centimètres d'eau de pression ; dès que le gaz de l'atelier est éteint, la pression monte à 5 et 6, et enfin, le soir, lorsque les magasins du quartier sont fermés, la pression s'élève jusqu'à 8 centimètres. De là l'impossibilité de pratiquer à l'avance les ouvertures convenables aux chalumeaux ; de là aussi la nécessité de régler les ouvertures de robinet au moment d'opérer, et même, si une séance se prolonge un peu, il faut de temps à autre modifier le réglage.

Ce n'est pas en regardant le bâton de chaux, qui est éblouissant, qu'on peut se rendre compte sérieusement des changements d'intensité, mais bien plutôt en se guidant d'après le disque lumineux projeté par l'appareil sur l'écran.

Ceci dit, les figures 5, 6, 7 nous aideront à comprendre la marche à suivre pour le réglage.

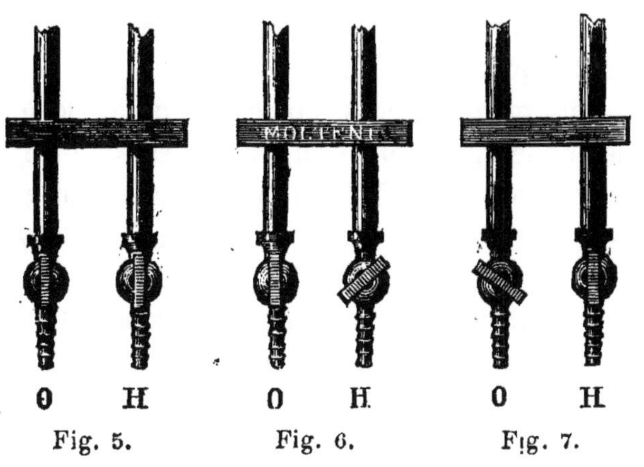

Fig. 5. Fig. 6. Fig. 7.

Chaque figure représente les deux robinets d'un même chalumeau ; les robinets sont respectivement marqués : O, pour celui de l'oxygène, et H, pour celui de l'hydrogène.

Supposons d'abord que les deux robinets soient grands ouverts, comme l'indique la position des clés dans la figure 5. Il s'agit de savoir si nous devons les maintenir ainsi pour obtenir le maximum de lumière ; car nous ne devons pas perdre de vue que ce n'est pas tant la grande abondance du gaz qui nous donnera ce maximum, qu'une certaine proportion qu'il s'agit de trouver.

Assurons-nous d'abord si ce n'est pas l'hydrogène qui arrive en abondance. Pour cela, refermons tout doucement le robinet H, en observant l'écran. Si la lumière augmente, c'est qu'effectivement nous en recevions trop auparavant.

Donc, manœuvrant le robinet, il faut que nous nous arrêtions à la position qui donne le maximum de lumière. Les clés des robinets seront alors dans la position indiquée par la figure 6.

Si cette manœuvre du robinet H, au lieu de donner de la lumière, en enlève, il est évident que l'hydrogène n'est pas en excès ; rouvrons-le donc tout grand, et examinons maintenant si ce ne serait pas l'oxygène qui arriverait en trop grande quantité.

A cet effet, fermons lentement le robinet O. Si la lumière augmente, notre prévision étant fondée, après quelques tâtonnements, nous l'arrêtons à la position donnant le maximum d'intensité ; les positions des clés des robinets seraient alors celles de la fig. 7.

Ce n'est pas tout que d'être arrivé à obtenir la plus

grande somme de lumière possible ; dans les conditions où les gaz arrivent aux chalumeaux, il faut maintenant voir si, en modifiant ces conditions d'arrivée des gaz, nous ne gagnerions pas encore de la lumière.

Les fig. 5, 6, 7 nous répondent immédiatement. Dans la fig. 5, le maximum étant atteint, lorsque les deux robinets sont ouverts tout grands, les gaz sont utilisés complètement, et les pressions sous lesquelles ils arrivent ne doivent pas être modifiées.

Dans la situation indiquée par la fig. 6, il n'arrive pas assez d'oxygène pour la quantité d'hydrogène dont nous pouvons disposer. Par conséquent, en chargeant davantage le sac d'oxygène, nous gagnerons de la lumière. La fig. 7 nous montre, au contraire, que c'est l'hydrogène qui fait défaut. Si on le peut, il faut donc s'arranger pour en faire arriver davantage.

N'oublions pas que le réglage de l'arrivée des gaz est le détail le plus important de l'emploi de l'éclairage oxhydrique. Il faut donc compléter ces explications par les chiffres, que nous avons relevés sur nos notes d'expériences, et qui montrent quelle est l'influence de la variation de la pression à laquelle sont soumis les deux gaz sur la marche de l'opération.

Sac d'oxygène.	Pression d'eau.	Eclairage équivalent à celui
chargé de 10 kilog.	3 centimètres	de 100 bougies
20 »	5 »	196 »
40 »	10 »	289 »
60 »	15 »	361 »
80 »	18 »	400 »

Cet essai a été fait avec un chalumeau semblable à celui de la fig. 4, auquel le gaz d'éclairage arrivait sous une pression de 3 centimètres d'eau.

Arrivé à 80 kilogr., les deux robinets étaient tout grands ouverts ; nous avions donc atteint la limite à laquelle le gaz d'éclairage, sous la pression de 3 cent., nous permettait d'arriver. Pour obtenir plus de lumière, il aurait fallu attendre dans la soirée que sa pression montât à 6 ou 8 cent. Nous aurions pu alors charger davantage l'oxygène et gagner encore une quantité notable de lumière.

Lorsqu'on emmagasine l'hydrogène et qu'on peut soumettre les deux gaz à des pressions de plus en plus fortes, on va bien au delà des résultats que nous annonçons ; mais alors l'emploi des deux gaz n'a plus la simplicité que lui donne l'usage d'un seul sac d'oxygène. Quant à l'emploi des réservoirs pleins d'hydrogène, il rend toujours indispensables certaines précautions, dont on n'a pas à se préoccuper, lorsqu'on se sert uniquement du gaz de la rue.

Dans le chalumeau de la fig. 4, on doit remarquer le bouton G, qui est à vis et qui sert à fixer le porte-chaux à une place déterminée. Cette chaux doit être d'autant plus éloignée du bec E, que l'on opère sous de plus fortes pressions et que le chalumeau est à plus larges ouvertures. Dans les conditions ordinaires d'emploi du gaz d'éclairage, le sac d'oxygène étant chargé de 60 à 80 kil., le côté du bâton de chaux qui est le plus voisin du bec doit en être éloigné de 5 millimètres environ. Cette distance une fois déterminée, il n'y a plus à la changer, à moins que l'on ne vienne à modifier également les conditions dans lesquelles on opère.

Le bâton de chaux repose sur un support qui monte et descend au moyen d'une vis, en faisant tourner la chaux sur elle-même. Le but de ce double mouvement est d'abord de régler la hauteur à laquelle doit être disposé le bâton de chaux, de façon que le foyer lumineux se forme en son milieu. Il a aussi pour effet de permettre, de temps en temps, tous les quarts d'heure environ, de faire tourner le bâton de chaux, de manière qu'il présente à la flamme une surface neuve, dont l'intensité soit plus grande que celle du point déjà attaqué.

Ce mouvement a d'autant plus d'importance, que la chaux, sous l'action si intense des gaz, se creuse et rejette souvent la flamme en avant, ce qui peut déterminer la rupture de la lentille.

Lorsqu'on a allumé l'hydrogène, il est bon de faire tourner plusieurs fois le bâton de chaux sur lui-même, pour l'échauffer également, et de continuer ainsi quelque temps en ne faisant arriver que peu d'oxygène, pour que la chaux ne craque point, comme cela pourrait arriver sous l'action d'une élévation trop brusque de température.

De tous les corps recommandés pour l'éclairage oxhydrique, c'est la chaux que l'on doit préférer dans le cas de l'application de cette lumière aux projections. L'intensité et la blancheur de sa lumière ne sont surpassées par aucune autre matière.

Il y a deux manières de préparer le bâton de chaux. On peut employer la voie humide, pour le mouler ; on peut aussi tailler le bâton dans un bloc de chaux vive. Ce dernier système est celui que nous recommandons plus particulièrement.

La chaux, étant très tendre, est facile à scier avec une scie ordinaire.

On prend un bloc de chaux vive ; on le débite en plaques ou tranches de 20 à 25 millimètres d'épaisseur ; on divise ensuite des plaques en morceaux carrés que l'on arrondit plus ou moins en abattant les arêtes avec une râpe ; enfin on perce au centre du bâton un trou dans lequel doit entrer la broche du porte-chaux.

Les bâtons ainsi préparés sont mis dans un bocal hermétiquement bouché, de manière à les soustraire à l'action de l'humidité.

Les bâtons ronds que l'on trouve dans le commerce, étant fabriqués mécaniquement, sont parfaitement cylindriques ; mais une régularité aussi absolue n'est pas nécessaire pour obtenir de bons résultats. La nature de la chaux a une importance beaucoup plus grande ; aussi, quand, après plusieurs essais, on rencontre la qualité voulue, il est sage d'en préparer plusieurs bocaux à l'avance, que l'on cachette, s'ils ne doivent pas être employés de suite.

Au besoin, avec du marbre blanc, on peut faire des bâtons qui donnent une assez bonne lumière ; mais la chaux est infiniment préférable.

2° Manière d'opérer avec un réservoir d'hydrogène.

Si l'on n'a pas le gaz d'éclairage à sa portée, il faut nécessairement aller s'approvisionner au loin, en remplissant à l'avance des sacs à gaz, ou préparer sur place de l'hydrogène que l'on recueille également dans un sac ou dans un gazomètre.

Une fois que l'on possède ce sac rempli d'hydrogène et un autre rempli d'oxygène, ce qu'on a de mieux à faire est de les mettre chacun sous un pressoir spécial.

Avec le chalumeau à gaz indépendant, il importe de déterminer, une fois pour toutes, dans quelle proportions les deux pressoirs doivent être respectivement chargés. Cette proportion varie d'un chalumeau à l'autre.

Cette détermination se fait en opérant comme nous avons dit pour le réglage des gaz.

Cependant, si l'on ne veut pas s'astreindre à cette expérience préliminaire ou si le manque de temps ne le permet pas, on n'a qu'à charger également les deux sacs et à régler simplement le débit respectif des deux gaz au moyen des robinets.

Mais rappelons-nous encore qu'il y a deux procédés (qui sont indiqués pages 54 et suivantes,) pour régler l'arrivée des gaz : ou l'on a recours aux robinets, ou bien on agit avec les pressions, et c'est surtout lorsqu'on a la possibilité de faire varier celle de l'hydrogène que l'on peut profiter du second moyen.

Comme exemple, nous pouvons citer l'appareil qui nous sert dans les endroits où il n'y a pas de gaz d'éclairage. Nous en obtenons un maximum d'intensité, robinets tout grands ouverts, avec une charge de 100 kilogr. sur l'oxygène et 60 kilogr. sur l'hydrogène. Les robinets servent alors, pendant la séance, à modifier le débit, lorsque, par suite de l'affaissement des sacs, les pressions se modifient légèrement.

Dans certains cas, il est commode de placer les deux sacs sous le même pressoir. On économise le peu de place dont on dispose ordinairement : on fait aussi économie de matériel; mais on ne peut peut satisfaire ainsi qu'aux besoins de séances assez courtes, car les sacs, pour tenir ensemble entre les deux planches, doivent être beaucoup moins remplis.

Il y a encore une autre disposition de pressoir double, dans laquelle les sacs sont placés tête-bêche; mais l'expérience nous a amené à préférer la séparation des pressoirs.

Il ne faut pas perdre de vue que, si l'on emploie de l'hydrogène pur, on doit se munir de deux sacs de ce gaz contre un d'oxygène.

Avec le gaz d'éclairage, la proportion n'est plus la même et varie suivant le degré de carburation de l'hydrogène. Plus le gaz est carburé et plus on consomme d'oxygène. Malgré cela, on fait toujours bien de s'approvisionner de ce gaz d'éclairage en quantité double de la quantité d'oxygène. Après quelques essais faits au moyen d'un même gaz, on est à même d'apprécier quelle est l'exacte quantité nécessaire.

Pour le reste de l'opération, ces dernières indications mises à part, la marche à suivre est la même que lorsqu'on opère avec le gaz ordinaire.

VII

PRODUCTION DE LA LUMIÈRE OXYCALCIQUE

(3e mode d'emploi de l'oxygène)

Lorsqu'on n'a pas à sa disposition le gaz d'éclairage et qu'on ne veut pas s'astreindre à préparer de l'hydrogène, il faut avoir recours au chalumeau oxycalcique, dans lequel la flamme du gaz est remplacée par celle d'un liquide inflammable. L'alcool a l'avantage de donner assez de chaleur et n'a pas l'inconvénient de faire charbonner la mèche, comme d'autres liquides plus ou moins carburés.

Pour obtenir la lumière oxycalcique, il suffit de diriger un jet d'oxygène au travers de la flamme d'une lampe à alcool ordinaire et de lancer le dard ainsi obtenu sur un bâton de chaux, qui devient immédiatement incandescent.

On voit de suite qu'on peut obtenir ce résultat par une disposition très simple. Cependant, pour éviter un trop grand échauffement du réservoir contenant l'alcool, on a dû donner à la lampe une forme spéciale, représentée par la fig. 8.

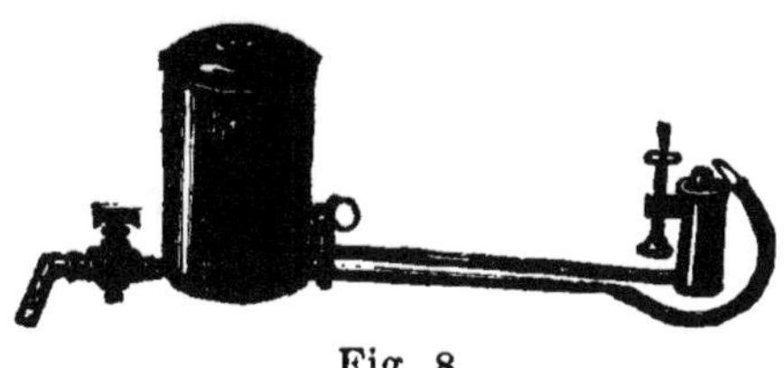

Fig. 8.

Le réservoir reporté en arrière, de façon à être en dehors de l'appareil, reste toujours froid; de plus, il est à niveau constant et assez grand pour contenir une notable provision d'alcool.

L'oxygène arrive par le robinet qui se trouve à gauche de la figure.

Ayant rempli le reservoir, placé une mèche de coton dans le porte-mèche, et placé le bâton de chaux sur sa broche, on allume la mèche, puis l'on fait arriver l'oxygène.

Le maniement de ce chalumeau peut paraitre plus simple que celui du chalumeau aux deux gaz; cependant, pour obtenir un bon éclairage, il faut y apporter plus de soin, et on n'arrive pas toujours du premier coup à en obtenir le maximum d'intensité.

En indiquant la puissance des différents modes d'éclairage, nous avons donné deux chiffres, 100 et 200, pour la lumière oxycalcique; c'est qu'en effet, avec un même chalumeau, suivant la façon dont on dispose la mèche, les résultats peuvent être aussi variables.

Quelques personnes prétendent qu'avec l'éclairage à l'alcool on obtient autant de lumière qu'avec l'éclairage produit par les deux gaz réunis. Celà est vrai dans certaines limites; si, par exemple, on rapproche le maximum de puissance de l'éclairage oxycalcique du minimum de la lumière oxhydrique; mais, si on se reporte à ce qui a été dit au sujet du réglage du débit des gaz, on comprendra facilement que, ne pouvant pas soumettre l'alcool à une pression variable, on ne saurait obtenir des intensités équivalant à la lumière de 4 à 500 bougies avec un chalumeau à lumière oxycalcique. C'est par la manière dont on dispose la mèche que l'on arrive à obtenir plus ou moins de lumière.

Les commençants ne doivent donc pas se décourager s'il n'arrivent pas de suite au résultat cherché ; il faut s'armer d'un peu de patience et se munir d'une petite pince, comme celles qui accompagnent les microscopes, et, à l'aide de cette pince, on dispose la mèche comme il va être dit :

On fait sortir la mèche de manière que les fils de coton dépassent le bec du chalumeau ; puis, à l'aide de la pince, on les sépare en deux parties, de manière à ouvrir un passage au gaz au travers du coton ; c'est dans ce chemin frayé que s'élance l'oxygène, entraînant avec lui la flamme pour la projeter sur la chaux.

Pendant que le chalumeau fonctionne, on rapproche plus ou moins les deux parties de la mèche, et l'on voit l'intensité augmenter ; mais il faut avoir soin, quand on rapproche ainsi les deux moitiés de la mèche, de veiller à ce que rien ne vienne se mettre en travers du passage de l'oxygène ; car, immédiatement, la lumière diminuerait.

En très peu de temps, on se rend compte de la meilleure disposition à donner à la mèche, et cet éclairage rend alors des services réels.

Le réglage des robinets, tout en n'ayant pas ici la même importance que lorqu'on emploie deux gaz pour produire la lumière, ne doit pas cependant être entièrement négligé ; il faut encore tourner plus ou moins la clef, car l'excès comme l'insuffisance d'oxygène empêcherait également d'obtenir tout ce que le chalumeau peut donner. Avant d'allumer la mèche, il est bon de verser dessus quelques gouttes d'alcool, afin de bien l'imbiber et d'éviter qu'elle ne se carbonise au moment de l'allumage.

Il ne faut pas oublier non plus que les chalumeaux oxycalciques doivent être disposés horizontalement : car, si l'appareil était penché en arrière, l'alcool n'arriverait plus à la mèche en quantité suffiante.

Par contre, si l'instrument est incliné en avant, l'alcool s'échappe par le porte-mèche.

On peut, il est vrai, munir les chalumeaux d'une articulation permettant de les ramener à la position horizontale, quelle que soit l'inclinaison de l'appareil.

Nous avons modifié le chalumeau représenté dans la fig : 8. A la place d'un porte-mèche ordinaire, dont le réglage, pour manœuvrer la mèche, exige les soins que nous avons mentionnés plus haut, nous avons disposé un bec concentrique, dans lequel, au centre d'une mèche cylindrique, arrive le courant d'oxygène. Le réglage se borne alors à lever plus ou moins la mèche, suivant l'intensité de lumière que l'on veut obtenir.

Nous venons de parler du chalumeau aux deux gaz et du chalumeau à lumière oxycalcique. Il y a lieu de noter que l'on peut se servir également de chalumeaux construits de manière à pouvoir à volonté produire l'une ou l'autre de ces deux espèces de lumière.

VIII

ÉCLAIRAGE A LA LUMIÈRE ÉLECTRIQUE

Comme nous l'avons expliqué page 22, la lumière électrique, au point de vue de son application aux projections, n'est indispensable que pour certaines expériences d'optique. Toutefois, il est bon de noter que, pour les projections proprement dites, son emploi laisse beaucoup à désirer, surtout si l'on considère qu'en produisant la lumière oxhydrique dans certaines conditions, on peut arriver à obtenir une intensité presque comparable à la lumière donnée par une batterie de 50 éléments Bunsen.

Quoi qu'il en soit, lorsqu'on nous le demande, nous adaptons cet éclairage à nos appareils. Nous allons donc donner, à cet égard, les quelques renseignements nécessaires.

Pour obtenir la lumière électrique, il faut d'abord produire l'électricité, puis la recueillir de manière à déterminer la formation de l'arc voltaïque.

Comme source productrice de l'électricité, on peut employer, soit une machine magnéto-électrique mue par la vapeur, soit une batterie électrique composée d'un certain nombre d'éléments, que l'on charge avec des acides.

Il y a en ce moment trois ou quatre systèmes de machines magnéto-électriques, présentant chacun des avantages et des inconvénients, Mais le principal point de vue à envisager ici est celui de la dépense que nécessite le matériel, car, non seulement il faut se procurer la machine magnéto-électrique elle-même, qui est déjà d'un prix élevé, mais il faut aussi une machine à vapeur, des transmissions et tous les accessoires ordinaires. Cette installation est, en réalité, la plus économique, lorsqu'il s'agit de produire quotidiennement une énorme quantité de lumière, mais elle n'est admissible qu'au point de vue industriel, alors que l'amortissement du matériel et le coût de son entretien peuvent se répartir sur un grand nombre d'heures d'éclairage.

Pour des expériences qui ne se répètent pas souvent ou qu'il faut quelquefois aller entreprendre dans des endroits fort éloignés les uns des autres, on doit nécessairement avoir recours à la pile, malgré les désagréments qu'elle présente : lenteur des manipulations, cherté des acides et dégagement de vapeurs malsaines.

La pile Bunsen est celle que l'on emploie généralement pour produire la lumière électrique. Elle se compose, comme le représente la fig. 9, d'un vase extérieur en grès, dans lequel est placé un cylindre de zinc. A l'intérieur du zinc est disposé un vase poreux renfermant un morceau de charbon de cornue; on accouple à la suite les uns des autres 30, 50, 60, 80 ou 100 éléments, suivant les besoins, en reliant le conducteur du zinc d'un élément à celui du charbon de l'élément suivant, et ainsi de suite, depuis le premier élément jusqu'au dernier, de telle sorte que la pile, commençant par un zinc, finisse par un charbon.

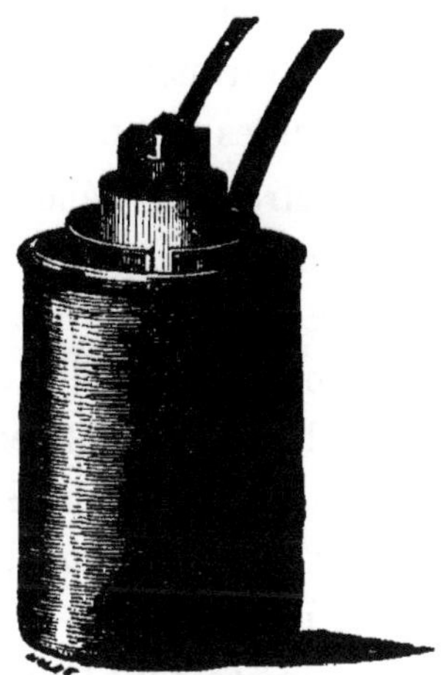

Fig. 9.

Avant de monter la pile, il y a lieu d'amalgamer les zincs avec soin ; les conducteurs et les pinces doivent être bien nettoyés afin d'assurer l'établissement d'une communication parfaite d'un élément à l'autre.

Pour charger la pile, on verse, dans le vase en grès, de l'eau contenant un dixième de son volume d'acide sulfurique, et, dans le vase poreux, de l'acide azotique non additionné d'eau ; les deux liquides doivent occuper le même niveau dans les deux vases ; il faut avoir soin, en faisant cette opération, de ne pas répandre de liquide en dehors des vases, car, en baignant le pied de ces vases, il établirait une communication entre les éléments et diminuerait l'intensité de la pile.

Il faut éviter également que les vases ne se touchent. Pour charger une pile de 50 éléments de 20 centimètres de hauteur , il faut en moyenne 15 kilog. d'acide sulfurique et 25 kilogr. d'acide azotique, ce qui comme dépense, pour les produits seulement, donne une somme de 22 ou 25 francs, dans les villes où l'on peut se procurer les acides à bon compte; pour 50 éléments de 15 centimètres, la dépense en acides est d'environ 15 à 18 francs.

Pour établir le prix de revient de la lumière électrique, obtenue au moyen de la pile, on doit, aux prix ci-dessus, ajouter celui du mercure employé pour l'amalgamation des zincs et la valeur du temps passé à cette opération, ainsi qu'au montage, au chargement, au démontage et au nettoyage de la pile.

Une pile ainsi organisée peut fournir une bonne lumière pendant 4 ou 5 heures, soit consécutivement, soit en plusieurs fois. Au bout de ce temps, les acides ont besoin d'être renouvelés; cependant, si l'acide nitrique n'est pas trop affaibli, on peut, en ajoutant de nouvel acide le faire servir de nouveau. Il doit marquer, au pèse-acide, au moins 30°. Quant à l'eau acidulée des vases en grès, comme elle est chargée de sulfate de zinc, il faut la jeter.

La pile une fois chargée, il ne reste plus qu'à faire communiquer le zinc, c'est-à-dire le pôle négatif du premier élément, et le charbon, c'est-à-dire le pôle positif du dernier élément, avec les deux bornes de cuivre correspondantes du régulateur. Cette communication s'établit au moyen de conducteurs isolés.

Il y a intérêt, pour ne pas avoir trop de déperdition, à éloigner le moins possible la pile du lieu dans lequel doit fonctionner le régulateur.

Il existe différents systèmes de régulateurs. Comme chacun d'eux est vendu avec une instruction spéciale, nous n'entrerons ici dans aucun détail sur la manière d'en tirer parti.

Aussitôt qu'on cesse de se servir de la pile, on doit en démonter toutes les pièces qui la composent, puis les laver à grande eau.

IX

CENTRAGE DU POINT LUMINEUX

Quel que soit le monde d'éclairage que l'on emploie, lampe à huile, bec de gaz, lumière oxhydrique ou électrique, il ne suffit pas de placer la source lumineuse dans l'appareil; il faut que le point lumineux y occupe une place déterminée, hors de laquelle on ne saurait obtenir de bons résultats.

De ce réglage, ou plutôt de ce *centrage*, dépend, non seulement l'uniformité lumineuse des projections, mais aussi leur netteté.

Le centrage doit être d'autant plus parfait, que la source lumineuse est plus petite. Avec une lampe à grosse flamme, un écart d'un centimètre permet encore d'obtenir une projection, mauvaise, il est vrai, mais à peu près éclairée sur toute sa surface, tandis qu'avec la lumière oxhydrique ou la lumière électrique, ce même écart déterminerait la formation d'un disque sombre sur une partie de la surface de la projection.

La netteté des images obtenues dépend, non seulement de la qualité et de la bonne disposition des lentilles, mais aussi du centrage du point lumineux. Un déplacement d'un millimètre ou deux, à droite ou à gauche, suffit pour donner du *flou* d'un côté de la projection. Aussi, pour arriver à un centrage mathématique, nos appareils les plus perfectionnés sont-ils munis

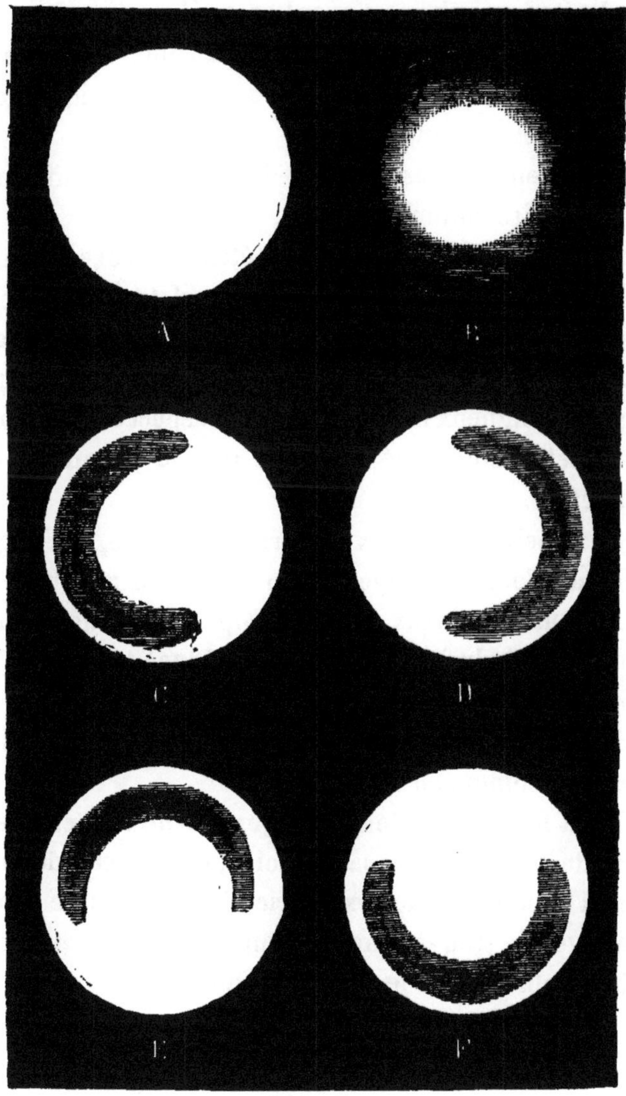

Fig. 10.

de mouvements de rappel, à vis ou à crémaillère, permettant de déplacer le chalumeau de haut en bas, de droite à gauche et d'avant en arrière.

La fig. 10 montre le disque sous les différents aspects qu'il présente sur l'écran, suivant que le point lumineux est bien ou mal centré.

Si le centrage est parfait, le disque est uniformément éclairé comme en A,

Si le point lumineux, tout en étant bien exactement, là la hauteur de l'axe des lentilles, est trop rapproché le disque présente, comme en B, un centre éclairé, entouré d'une pénombre bleuâtre. Au contraire, lorsque le point lumineux est trop éloigné, l'aspect est le même, avec cette différence toutefois que la pénombre est rougeâtre.

Si le point lumineux est trop à gauche, le disque présente l'aspect C, avec une pénombre à gauche.

Le point lumineux, disposé trop à doite donne une pénombre à droite comme en D. Placé trop haut, la pénombre s'élève comme en E.

Enfin, si le point lumineux est trop bas, la pénombre descend comme en F.

Il est facile, à l'aide de la figure ci-dessus, en ayant soin de la graver dans sa mémoire, d'apprécier de suite l'effet produit par les excentricités de la source lumineuse et de trouver sur-le-champ ce qu'il y a à modifier pour obtenir le disque parfait A.

DES APPAREILS

DE PROJECTION

I

DÉFINITION

On entend par *appareil de projection* tout instrument d'optique pouvant servir à former à distance, sur un écran disposé à cet effet ou sur toute autre surface une image agrandie d'un objet quelconque placé à l'intérieur de l'appareil.

La *lanterne magique*, les *microscopes solaires*, éclairés par le gaz ou l'électricité, les *mégascopes* pour les corps opaques, en un mot, tous les appareils projetant à distance des images d'objets, éclairés au moyen de n'importe quelle source lumineuse, sont des *appareils de projection*. On pourrait encore ranger dans cette catégorie les instruments que l'on emploie pour la *fantasmagorie* et le *polyorama*. Mais ce sont, à proprement parler, plutôt de simples modes d'emploi de la lanterne magique, qui, suivant la manière dont on en fait usage, permettent d'obtenir des effets fantasmagoriques ou polyoramiques.

Il nous a été souvent demandé en quoi les appareils de projection, servant dans les cours, diffèrent des lanternes magiques. En principe, c'est identiquement la même chose. Seulement, on peut dire que la lanterne magique perfectionnée a pris le nom **d'appareil** de projection, afin d'avoir droit de cité dans l'enseignement scientifique.

Aussi avons-nous adopté cette désignation, consacrée par l'usage. Le nom de « lanterne magique » est appliqué aux appareils, dont la construction élémentaire ne permet de projeter que les images grossières servant à l'amusement des enfants; et l'on réverve le nom *d'appareils de projection* aux lanternes perfectionnées, susceptibles d'être employées pour l'agrandissement des photographies destinées à l'enseignement.

Mais, avant de parler des appareils, il importe d'en connaître le principe et d'entrer, à cet effet, dans quelques considérations préliminaires, dont la connaissance est indispensable aux personnes peu familiarisées avec les détails de l'optique.

II

DU FOYER DES LENTILLES. — GRANDEUR DES IMAGES

Si l'on présente au soleil une *lentille* ou *verre d'optique*, chacun sait qu'il se forme, à une certaine distance au delà de cette lentille, un point brûlant ; si, en ce point, on place certains corps facilement combustibles dans des conditions déterminées, ils s'enflamment. Ce point brûlant n'est autre qu'une image réduite du soleil et constitue ce qu'on appelle le *foyer principal* de la lentille.

Fig. 11.

La distance qui sépare la lentille de son foyer s'appelle la *distance focale,* qui est de 10, 20, 30, 40 centimètres, etc., suivant le plus ou moins de courbure du verre ; ce verre est alors désigné simplement sous le nom de *lentille ayant* 10, 20, 30, 40 *centimètres de foyer*.

Prenons une lentille A B (fig. 11), ayant 10 centimètres de distance focale. Si nous plaçons une bougie C à une distance de 20 centimètres, par exemple, et que, de l'autre côté de la lentille, nous présentions un écran blanc, à une distance égale de la lentille, nous verrions se projeter sur cet écran une image D complète, de même dimension, mais renversée, de la bougie.

Si nous rapprochons successivement la bougie C de la lentille, nous constatons les résultats suivants. Nous supposons qu'elle ne se trouve plus qu'à 133 millimètres; dans ce cas, ce n'est pas à 20 centimètres de la lentille qu'il faut placer l'écran pour recevoir l'image D de la bougie, mais bien à 40 centimètres, et l'on obtient une image d'une dimension double. La bougie arrivant à 120 millimètres, on doit disposer l'écran à 60 centimètres, et l'image devient trois fois plus grande que l'objet lui-même!

Enfin, si nous nous rappelons que la distance focale de notre lentille est de 100 millimètres et que nous plaçons notre bougie très peu en arrière de ce foyer, — à 102 millimètres, par exemple, — c'est sur un écran placé à 5 mètres de distance que nous obtiendrons une image; et, cette fois, elle sera 49 fois plus grande que l'objet.

Le principe des appareils de projection se trouve expliqué par ces trois exemples; car si on remplace la bougie par un corps quelconque fortement éclairé, son image agrandie sera également reçue sur l'écran comme l'était celle de la bougie, ce qui permet de dire qu'en principe la lanterne magique se compose d'une lentille, un peu en arrière du foyer de laquelle on dispose l'objet dont on veut obtenir une image agrandie.

En effet, dans la pratique, toutes les lentilles que l'on ajoute dans la construction des appareils n'ont d'autre but que de concentrer sur l'objet à projeter les rayons de la source lumineuse employée, et de rendre l'image plus nette. Il faut remarquer que si, précédemment, dans la figure 11, nous avons pu projeter l'image de la bougie avec une seule lentille, c'est que cette bougie est lumineuse par elle-même.

On peut déduire de cet exposé succinct les règles suivantes, fort simples à retenir :

Le grossissement, donné par une lentille, est sensiblement égal au nombre de fois que sa distance focale est contenue dans l'espace qui sépare la lentille de l'écran. Ainsi, dans notre dernier exemple, l'écran étant placé à 5 mètres et le foyer de la lentille se trouvant à 10 centimètres, le grossissement, en chiffres ronds, serait d'environ 50. Si, en réalité, nous n'avons trouvé que 49, c'est que la bougie, au lieu d'être placée exactement au foyer, c'est-à-dire à 10 centimètres, était en réalité à 102 millimètres.

De même, dans les appareils de projection, le grossissement est d'autant plus fort, que l'on emploie une lentille ayant une distancc focale plus courte et que l'écran est plus éloigné; mais, dans la pratique, on est obligé de se tenir dans certaines limites, et on ne saurait abuser de cette propriété des lentilles sans nuire à la netteté des images.

III

DIMENSION DES APPAREILS ET DES TABLEAUX

Avant qu'on n'ait eu l'idée de se servir de photographies transparentes dans les appareils de projection, on employait nécessairement des tableaux sur verre, peints à la main.

Losque ces tableaux ne représentaient que des images grossières, destinées à l'amusement des enfants on pouvait les peindre sur des verres de petite dimension. Mais du moment qu'il s'agissait de tableaux pou les exhibitions publiques et que les sujets représenté étaient très compliqués, il fallait se servir d'objets plu soignés; on devait recourir à un peintre expérimenté qui était obligé de travailler sur des verres carrés ayant 10, 12, 14, 20 centimètres de côté; et encore malgré le talent de véritables artistes, n'obtenait on, au grossissement, que des images souvent gros sière. Cependant les prix d'acquisition étaient inabo dables pour de simples amateurs, d'autant plus qu'ave les tableaux de cette dimension, il fallait se serv d'appareils munis de lentilles, ayant 16, 20, 25, 3 35 centimètres de diamètre, comme nous en constru sions alors. Il revenaient nécessairement à des pr très-élevés.

Il n'en est plus ainsi. Maintenant, une photographie de 1 fr. 50 c., ayant 7 centimètres de côté, peut donner, avec toute la perfection désirable, le panorama complet d'une ville, les détails d'un monument, le paysage le plus grandiose, avec une perfection à laquelle la main la plus habile ne pourait songer à atteindre, même dans un laps de temps considérable. Pour projeter ces photographies, il n'est besoin que de petits appareils, munis de lentilles éclairantes de 11 centimètres de diamètre et qui, par leur prix peu élevé, sont à la portée de tous.

En considérant les appareils actuels, qui ont des dimensions restreintes, on nous demande souvent si, en employant un grand appareil pour projeter ces mêmes photographies, on n'obtiendrait pas des images plus grandes. C'est là une erreur, que quelques mots d'explication dissiperont facilement.

Fig. 12.

Ce qui a été dit dans le chapitre précédent sur le foyer des lentilles permet de comprendre de suite les deux figures 12 et 13. Voici, par exemple, une photographie de 7 centimètres de côté, A (fig. 12). Cette photographie reçoit la lumière qui lui est transmise par la lentille B, derrière laquelle se trouve la source lumineuse. La lentille B, dite *éclairante*, a pour effet de concentrer les rayons lumineux sur l'objet à éclairer; nous supposerons qu'elle a 11 centimètres de diamètre. Cet objet est projeté par une lentille objective C, ayant une distance focale de 10 centimètres. Le grossissement obtenu est de 50, et, si l'écran est placé à 5 mètres de distance, l'image D a 3 mètres 50 de haut.

Plaçons maintenant la même photographie dans un appareil d'une grandeur double, représenté par la fig. 13.

Fig. 13.

Supposons que la lentille éclairante E ait 22 centimètres de diamètre, et la lentille objective F, une distance focale de 20 centimètres, ce qui donne un grossissement de 25 sur notre écran, placé à la même distance que tout à l'heure, à 5 mètres. L'image G n'aura donc que 1 mètre 75 de côté, c'est-à-dire la moitié des dimensions de l'image obtenue dans le cas précédent.

Les rapports des images seraient modifiés de la même façon et dans des proportions analogues, si on employait des lentilles de dimensions différentes et présentant des distances focales autres.

Comme on le voit, il n'y a pas avantage à projeter une petite photographie avec un grand appareil. D'autre part, il y a lieu de noter que ce grand appareil, avec une autre photographie qui serait double, c'est-à dire de 14 centimètres de côté au lieu de 7, pour laquelle cependant il paraîtrait avoir été construit, ne donnerait qu'une image de 3 mètres 50, c'est-à-dire absolument égale á celle du petit appareil renfermant la photographie de 7 centimètres.

Il est vrai que si, dans l'appareil de la fig. 13, nous remplaçons l'objectif F par un autre objectif ayant une distance focale, par exemple, de 10 centimètres, nous obtiendrons une image aussi grande qu'avec le petit appareil de la fig. 12; mais, alors, nous n'aurons à notre disposition qu'un appareil mal combiné, puisque la grande lentille E, ayant un diamètre de 22 centimètres, représente une surface de lumière de 380 centimètres carrés, sur lesquels la photographie de 7 centimètres n'utilisera que 49 centimètres carrés, soit environ la huitième partie de la totalité de la lumière transmise par la lentille.

Une lentille éclairante de 22 centimètres de diamètre ne convient donc que pour projeter un tableau carré, qui utilise toute sa lumière, c'est-à-dire celui qui mesure 14 centimètres de côté; mais, pour projeter nettement ce tableau, il faut employer l'objectif E, ayant 20 centimètres de distance focale.

L'avantage de l'emploi d'un grand appareil avec une photographie de 14 centimètres se réduit à ceci : c'est que la photographie peut renfermer des détails qu'il rend plus visibles, et, par conséquent, la projection des diverses parties se présente avec des proportions plus complètes, plus satisfaisantes, mais les photographies sur verre, qui se trouvent habituellement dans le commerce, ont rarement plus de 7 centimètres.

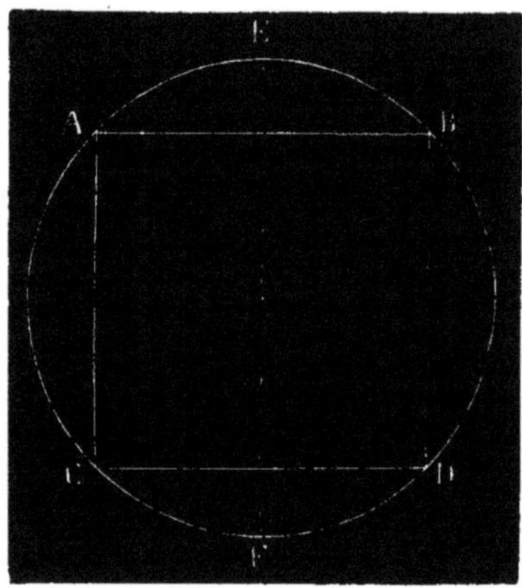

Fig. 13 *bis*.

Quand on parle de la grandeur des projections obtenues avec un appareil, il faut faire bien attention que la mesure de cette grandeur n'est pas exprimée partout de la même façon. Tantôt elle est désignée par la hauteur du diamètre EF (fig. 13 *bis*) du disque lumineux projeté par l'objectif sur l'écran ; tantôt aussi elle est désignée simplement par la hauteur A C de la vue carrée, pouvant être inscrite dans la circonférence de la lentille éclairante.

Reprenons l'exemple choisi plus haut. Une photographie carrée de 7 centimètres de côté, projetée avec un objectif de 10 centimètres, donnera, sur un écran placé à 5 mètres, une image de 3 mètres 50 de haut.

Si nous la remplaçons dans l'appareil par une vue ronde de 10 centimètres de diamètre, nous aurons sur l'écran une image ronde mesurant cette fois 5 mètres de haut.

Par conséquent, sans rien changer aux lentilles, nous obtenons, dans le second cas, une image qui est d'environ un tiers plus grande en hauteur que dans le premier.

Les Anglais, par exemple, ont l'habitude de spécifier leurs appareils d'après le diamètre du disque qu'il donnent : 5, 6, 7, 8 mètres. Il faut donc se rappeler que les vues carrées, obtenues avec les mêmes appareils, n'ont, en réalité, que 3 mètres 50, 4^{m},50,5, 6 mètres environ de côté, c'est-à-dire une dimension qui correspond à la hauteur du carré inscrit dans le disque annoncé.

Mais, dira-t-on, pourquoi ne pas employer des tableaux ronds, puisqu'ils donnent des images plus grandes? Il y a ici en jeu tout d'abord une question de goût, dont chacun, du reste, peut être juge à sa façon. A notre avis, la projection de forme carrée est plus naturelle ; les limites en sont moins brusquement déterminées; cela rentre davantage dans nos habitudes; la perspective en est bien moins troublée, plus logique, plus facile à saisir et à comprendre. De plus, la forme carrée rend plus facile les opérations.

Enfin, presque toutes les photographies sur verre, qui existent dans le commerce, ont la forme carrée. Il faut donc les utiliser telles qu'elles sont.

Le premier point, qui intéresse toute personne disposée à acheter un appareil de projection, est celui de savoir quelle grandeur d'image il permet d'obtenir. Or, tout appareil de projection est susceptible de donner des images de plus en plus grandes, au fur et à mesure qu'on l'éloigne davantage de l'écran. La limite à laquelle on doit s'arrêter est, théoriquement, indéterminée et dépend bien plus du mode d'éclairage employé que de l'appareil lui-même. La simple lanterne magique, qui, avec sa mauvaise lampe, donne un bonhomme de 50 centimètres à un mètre de haut, peut donner une image de 10 mètres de haut, si on l'éclaire avec une lumière assez intense.

Dans la pratique, il est assez difficile de déterminer à quelle limite on doit s'arrêter pour un éclairage donné. Cela dépend de la transparence des vues projetées, de l'intensité de l'éclairage, de l'obscurité plus ou moins profonde de la pièce dans laquelle on opère, enfin de l'effet que l'on veut produire sur le public.

Avec un appareil éclairé à la lumière oxhydrique, on projette généralement des vues de 3 à 4 mètres de haut; mais on peut, en s'éloignant davantage, atteindre

5 et 6 mètres, surtout si l'on exagère un peu la consommation des gaz employés.

Avec les gaz combinés, employés à forte pression, on peut atteindre, au besoin, 8 et 10 mètres; mais il ne faut pas perdre de vue que ces grossissements extrêmes, non seulement ne sont pas faciles à obtenir, faute d'un recul suffisant, puisque l'appareil doit être, dans ce cas, à environ 15 mètres de l'écran, mais qu'en outre il ne produisent pas le bon effet qu'on en attend ; car, dans ces dimensions, quelle que soit la perfection de ces photographies, les projections manquent de finesse dans l'ensemble et de lumière dans les parties sombres.

Mais on se tromperait bien plus, si l'on voulait montrer des vues énormes à des spectateurs placés à quelques mètres de la toile. Pour eux, tout devient grossier et manque de perspective. Comme on le sait, pour examiner une œuvre d'art quelconque, il faut se placer à deux ou trois fois la plus grande dimension de l'objet. Pour montrer une vue de 10 mètres de haut, il faut donc placer les spectateurs à 20 ou 30 mètres de la toile.

D'après cette règle, on voit que, dans le cas où les premiers rangs ne sont qu'à 6 mètres de l'écran, il ne faut point projeter des vues de plus de 3 mètres de haut, et nous conseillons, dans la pratique, de rester plutôt au-dessous de cette limite ; car, d'autre part, si on se recule trop, la lumière décroît proportionnellement à l'éloignement de l'appareil et à l'élargissement de la projection.

Lorsque nous faisons une projection de 3 mètres de côté, la lumière fournie par l'appareil éclaire une surface de 9 mètres carrés.

Doublons la hauteur de la projection, elle aura 6 mètres de haut, et la même quantité de lumière sera dispersée sur une surface de 36 mètres carrés; par conséquent, chaque détail de la projection sera neuf fois moins éclairé que lorsqu'elle n'avait que 3 mètres de côté.

L'opérateur, connaissant son appareil, la lumière dont il dispose, le lieu où il opère et le public qui assiste à ses séances, doit tenir compte de toutes ces considérations pour déterminer la grandeur d'image qu'il convient d'adopter de préférence.

Nous rappellerons enfin que la crémaillère, dont est muni l'objectif des appareils de projection,sert simplement à faciliter et à rendre plus précise la mise au point des tableaux, et non, comme beaucoup de personnes le croient, à faire varier les dimensions de l'image. Comme nous l'avons dit ci-dessus, on ne peut augmenter ces dimensions qu'en éloignant l'appareil de l'écran.

IV

LANTERNE MAGIQUE

La lanterne magique ordinaire (fig. 14), que l'on donne souvent en cadeau aux enfants et que l'on voit encore à l'étalage des marchands de jouets ou des bazars, est aussi rudimentaire que l'antique appareil dont se servaient nos aïeux. Ses dimensions seules ont diminué; à l'énorme boîte ou armoire en bois d'autrefois on a substitué la boîte de fer-blanc aux dimensions restreintes; mais la lampe est demeurée aussi défectueuse que par le passé, se composant d'une mèche qui trempe dans l'huile, brûle sans verre et donne peu de lumière, mais, en revanche, beaucoup de fumée.

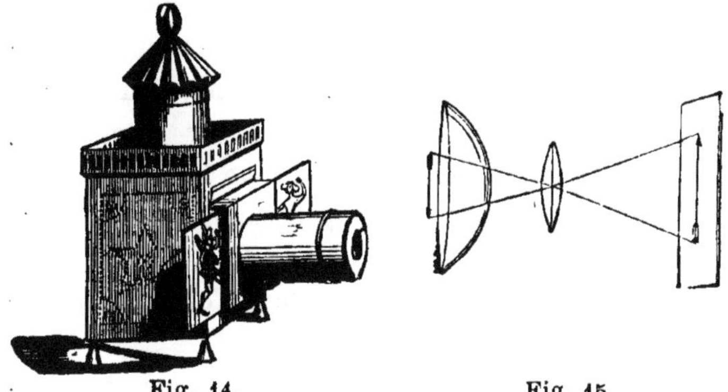

Fig. 14. Fig. 15.

Le système optique en est des plus simples. Il se compose (fig 15) d'une première lentille, en forme de demi-boule, rassemblant les quelque rayons de lumière, émis par la lampe, et les concentrant sur une lentille bi-convexe plus petite, qui les projette sur une toile blanche, tendue à une petite distance. C'est sur cette toile que se produit l'image amplifiée du tableau peint, placé entre la demi-boule et la source de lumière.

Les sujets, peints grossièrement sur de longues bandes de verre, se placent, le haut en bas, dans la coulisse réservée, sur le devant de l'appareil, comme on peut le voir sur la figure ci-dessus.

Le tube, qui porte les lentilles, est en deux parties, dont l'une glisse dans l'autre, de façon à permettre de faire varier la distance qui sépare les deux lentilles et à rendre l'image, projetée sur l'écran, anssi nette que possible.

Les mauvais résultats, donnés par cet appareil, ne tardent guère à le faire abandonner de ceux qui en font usage. Cependant, il n'en faut pas dire trop de mal, car, il a au moins le mérite d'être un joujou assez économique, pouvantamuser à la fois un grand nombre d'enfants, sans compter que ce premier jouet d'optique fait souvent naître chez ceux d'un âge plusavancé le goût des expériences, ce qui peut pour l'avenir, avoir sur eux une influence des plus utiles. On est auss amené par là à faire l'acquisition d'un instrument meilleur.

Le premier perfectionnement, apporté à ce jouet, a été de le munir d'un meilleur éclairage. Le lampion traditionnel a été remplacé par le quinquet, brûlant à blanc et muni d'un réflecteur, en plaqué d'argent, comme on le voit dans la lanterne que représente la fig. 16.

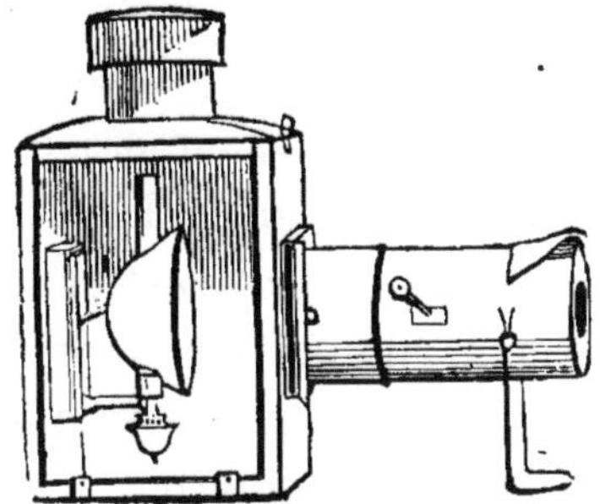

Fig. 16.

Le système optique est demeuré le même ; mais on voit que la monture porte, sur le côté, un manivelle terminée par un bouton, agissant sur une crémaillère

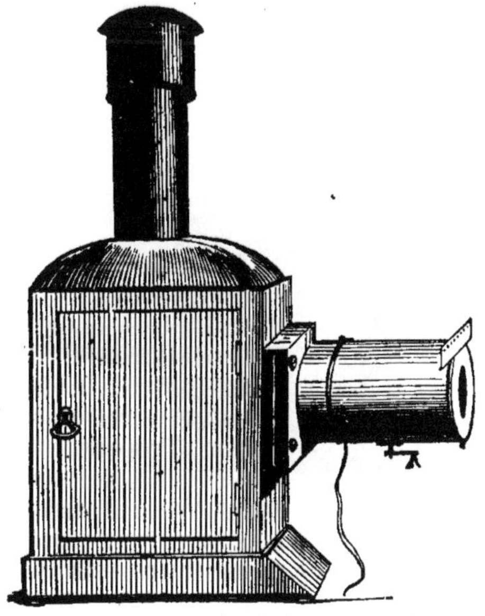

Fig. 17.

intérieure, ce qui permet de rendre la mise au point plus précise.

La fig. 17 donne l'image d'une lanterne d'une construction plus soignée, à laquelle se trouve adapté un diaphragme intérieur, composé de deux lames de cuivre se fermant comme des ciseaux, de façon à intercepter graduellement la lumière pour assombrir ou même pour supprimer complètement les images; ce diadragme porte le nom d'*œil-de-chat*, parce que, en effet, en se fermant, il affecte la forme allongée de la pupille de cet animal. Il rend de grands services pour les expériences de fantasmagorie.

Le fil que l'on voit pendre en dessous du porte-objectif, à côté du bouton de la crémaillère, sert à le manœuvrer.

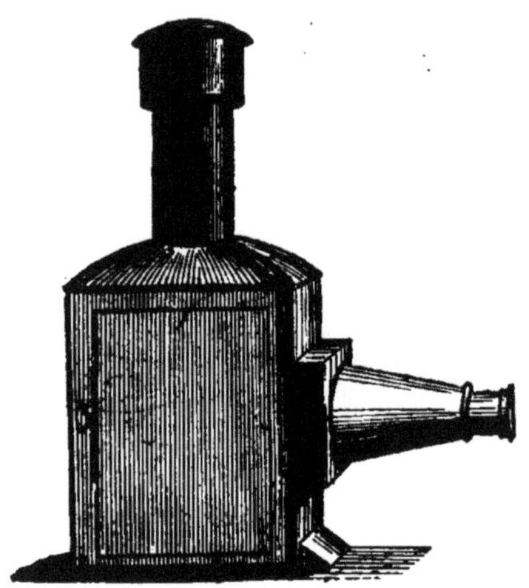

Fig. 18.

La fig. 18 représente une autre espèce de lanterne, dans laquelle une modification a été apportée, sous le rapport de la disposition du système optique.

Le verre peint, au lieu d'être placé avant les deux lentilles, comme dans la fig. 15, y est disposé entre les deux, de sorte que la grande lentille ou *condenseur* se trouve entre la lumière et le tableau peint, de manière à concenter sur ce dernier les rayons lumineux qui, continuant leur route, passent par la petite lentille, ou *objectif*, pour aller former leur image sur l'écran.

Cette nouvelle disposition et une modification dans la forme du condenseur marquent le commencement des perfectionnements apportés à la lanterne magique, qui, munie du quinquet à réflecteur parabolique, devient acceptable, tout en étant encore loin d'être parfaite.

V

LANTERNE AMÉRICAINE

Depuis quelque temps, on construit un type d'ap-

Fig. 19.

pareil, représenté, réduit au cinquième par la fig. 19.

Il n'offre rien de particulier sous le rapport de la disposition optique, qui est la même que celle des appareils actuels. Sa plus grande originalité est dans sa forme et dans la disposition de sa lampe spéciale, qui est à deux ou à trois mèches et donne une lumière intense. Cet appareil est, en somme, d'une construction heureuse ; il occupe peu de place, mais il mérite le même reproche que les appareils précédents, celui de ne pouvoir servir qu'avec une lampe construite *ad hoc*.

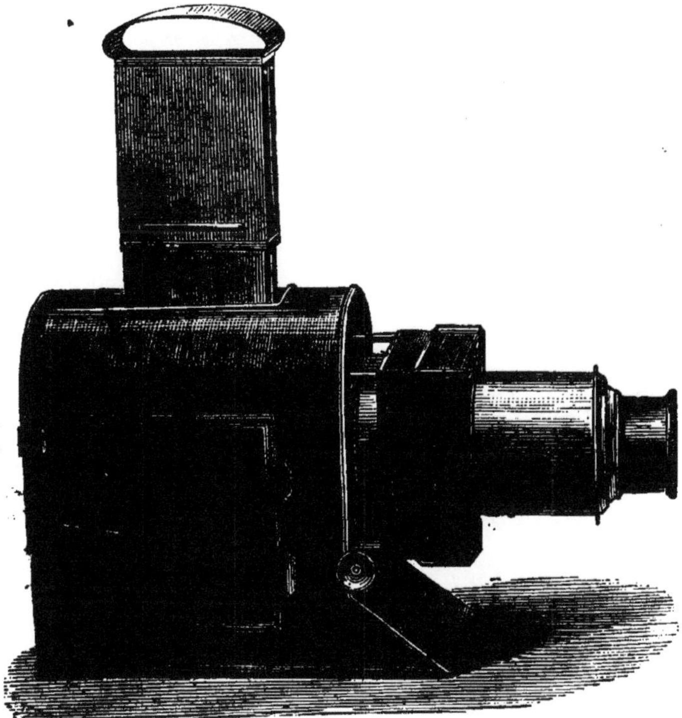

Fig. 20.

Bien que sa construction soit d'invention plus récente que celle des lampascopes (fig. 20), nous en parlerons en ce moment, afin de grouper ensemble l appareils munis à l'avance de leur lampe propre, ceu qui vont suivre ayant pour caractère distinctif de n pas exiger pour leur emploi une lampe plutôt qu'un autre.

Le type de la lanterne américaine a été modifié de bien des manières. La figure 20 représente un modèle plus économique donnant également de bons résultats.

VI

LAMPASCOPE

Le côté le plus défectueux des lanternes magiques, antérieurement à l'apparition du lampascope, était leur mode d'éclairage. Non seulement les lampes spéciales qu'elles exigeaient étaient plus ou moins bien construites et éclairaient mal, mais le grand obstacle à leur emploi fréquent dans les familles consistait précisément dans la difficulté que l'on avait à se procurer les verres ou les mèches convenant à cette lampe particulière. En outre, elle avait souvent besoin de réparations, ou bien l'huile, oubliée depuis longtemps, s'y épaississait tellement, qu'il fallait la renvoyer chez le ferblantier. Souvent aussi, on retrouvait la lanterne couchée sur le côté, et lampe, réflecteur, verre, lentille, baignaient au milieu d'une mare d'huile et de poussière.

Aussi la lanterne magique, après avoir servi une ou deux fois, finissait-elle par être reléguée au grenier par la ménagère.

Quand le lampascope, que représente la fig. 21, fit son apparition, il eut une vogue énorme. C'était la lanterne magique rendue pratique, susceptible de servir instantanément, — puisqu'il peut se placer sur la première lampe venue, comme on ferait d'un globe en cristal, en ayant seulement le soin de le hausser plus ou moins avec des rondelles F, en carton, pour amener la flamme en face du centre des lentilles et du réflecteur G.

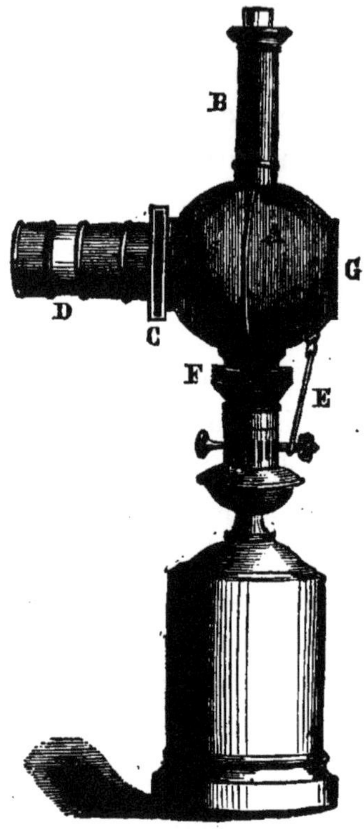

Fig. 21.

Les tableaux se glissent dans la fente C en les mettant, comme toujours, le haut en bas, et on obtient leur mise au point en faisant sortir plus ou moins le tube D.

La courroie E sert à maintenir l'appareil en place. Cependant le lampascope, tout en laissant bien en arrière la lanterne magique, pèche tout d'abord par son système optique, qui a le défaut d'être aussi rudimentaire que celui de la lanterne magique ordinaire.

De plus, la partie lourde du lampascope, composée des lentilles, se trouve d'un seul côté de la lampe et tend à faire tomber le tout en avant. Il est vrai qu'on peut l'équilibrer au moyen d'un contre-poids placé en arrière, ou le retenir en l'attachant au remontoir de la lampe par une petite courroie telle que E ; mais il n'en demeure pas moins un appareil relativement lourd et volumineux, placé dans un équilibre instable à la partie supérieure de la lampe. Cet appareil s'appuie sur la galerie, qui, elle-même, n'est pas toujours d'aplomb.

Cet inconvénient est d'autant plus grave qu'on se sert du lampascope dans l'obscurité. Un faux mouvement, effectué en mettant ou en retirant les tableaux, peut détruire l'équilibre de tout le système et faire tomber lampe et appareil sur la table ou sur le plancher.

Aussi, après quelques tâtonnements, avons-nous construit un autre appareil dans lequel ces désagréments sont évités et qui présente, en outre, d'autres avantages que nous allons exposer.

6.

VII

APPAREIL DE FAMILLE ET DE CLASSE

Pénétré des inconvénients dont nous avons parlé, nous nous sommes demandé, pour créer un nouveau type d'appareil, quelles étaient les conditions qu'il devait réaliser. On peut les résumer ainsi (1) :

1° Éviter la nécessité d'une lampe spéciale, ne pouvant plus servir, si on n'est pas à même de renouveler facilement les mèches, verres ou pièces, venant à s'abîmer.

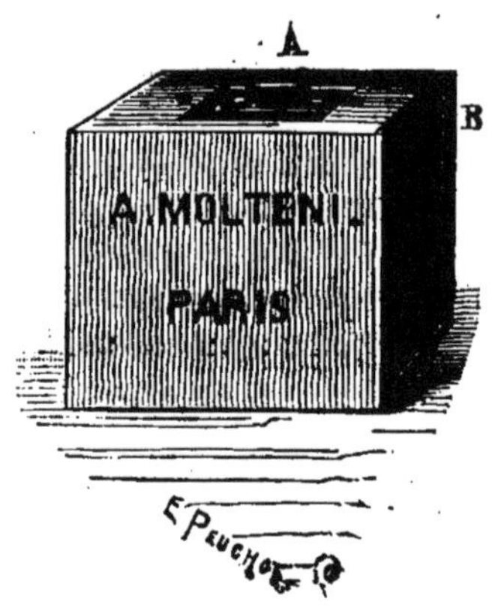

Fig. 22.

2° Pouvoir se servir du premier éclairage venu :

(1) C'est sur la demande de M. le Dr. G. Le Bon que ce type a été créé.

huile, pétrole, gaz ordinaire, lumière oxhydrique, etc. ; (1).

3° Occuper peu de place et être très portatif ;

4° Construire sur ce principe un modèle, pouvant ervir simplement à l'amusement, et d'autres modèles susceptibles d'être appliqués à l'enseignement.

La description de l'appareil montrera que le but a bien été atteint.

La fig. 22 représente une boîte, ayant, à sa partie supérieure, une ouverture A, fermée par une planchette mobile, munie d'une poignée. Rendue ainsi portative, la boîte renferme tout l'appareil, qui est complétement protégé. Ayant enlevé la paroi B, qui est à coulisses, on sort de la boîte les quatre pièces suivantes (fig. 23) :

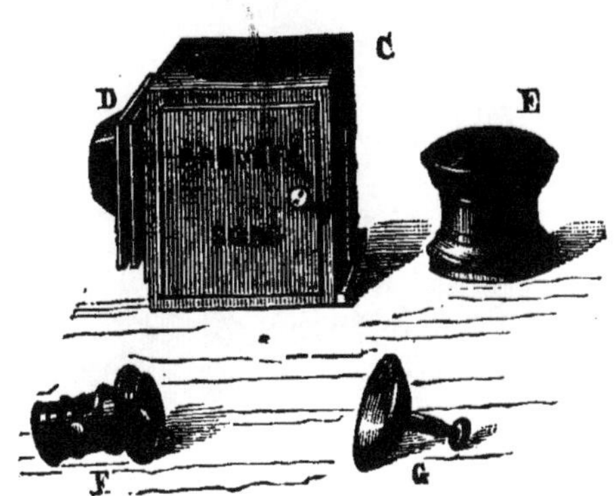

Fig. 23.

C Le corps de l'appareil ;

E La cheminée ;

(1) Nous avons un appareil de ce genre pouvant recevoir la lampe américaine à trois mèches.

F L'objectif;

G Le réflecteur.

Cela fait, on y introduit la lampe par l'ouverture supérieure; on l'allume, on met le verre en place, puis on la coiffe du corps de l'appareil, que l'on fixe à la boîte à l'aide des deux boulons qui l'accompagnent.

Sur le cône D (fig. 24) se visse l'objectif F.

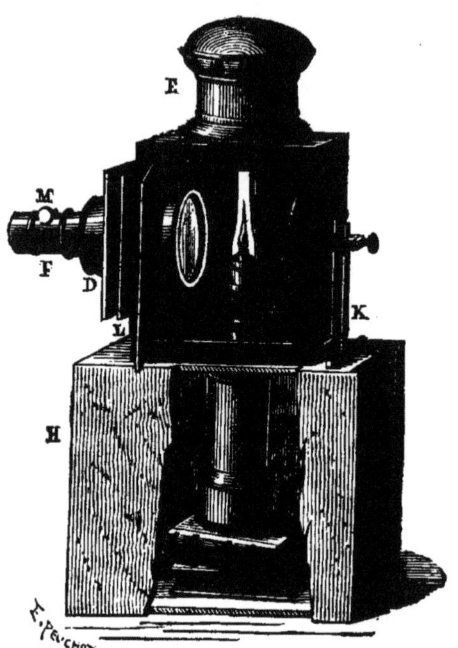

Fig. 24.

Le réflecteur s'établit à coulisses sur la tige K, sur laquelle il peut se mouvoir; on met enfin la cheminée E à sa place.

Tout étant bien disposé, ainsi que le représente la

fig. 24, il faut régler la position du point lumineux et l'amener, ainsi que nous l'avons expliqué précédemment, au foyer des lentilles. Comme la lampe est complètement indépendante au milieu de l'appareil, cette opération s'exécute très facilement.

Pour régler cette même lampe en hauteur, on l'élève au moyen d'une boîte ou de livres, d'une épaisseur convenable, ou mieux en plaçant la planchette mobile à la hauteur voulue, dans l'intérieur de la boîte, qui est munie, à cet effet, d'un double rang de crémaillères, analogues à celles qui supportent les rayons d'une bibliothèque.

Lorsque le disque sur l'écran est bien éclairé, on règle également la position du miroir, en le montant ou en l'abaissant sur la tige K jusqu'au moment où les rayons réfléchis viennent s'ajouter à ceux de la lampe et augmenter la somme de lumière projetée sur l'écran.

La tige K est également munie d'un mouvement d'avant en arrière, qui sert à obtenir la mise au point du miroir.

Il ne reste plus qu'à introduire les tableaux dans la coulisse L et à les mettre au point à l'aide du bouton M.

Afin que l'air arrive en abondance pour l'alimentation de la lampe, on ne remet pas en place la porte à coulisse B (fig. 22).

Si l'on veut se servir de la lumière oxhydrique, on enlève la lampe et le réflecteur et on les remplace par les chalumeaux (fig. 5 ou 8), qui se disposent également sur la tige K, en tenant compte de toutes les indications données précédemment à leur sujet dans le chapitre de l'éclairage.

La fig. 24 représente le modèle le plus complet de ce type d'appareil. Il est construit de manière à pouvoir servir comme appareil de projection dans les cours, conférences, etc. Avec une lampe à huile ou à pétrole, il peut donner, suivant la distance à laquelle on opère, une projection carrée de 1 mètre 50 à 1 mètre 75 de hauteur; en s'éloignant davantage, on obtient une projection plus large; mais, dans ce cas, l'insuffisance de la source de lumière devient manifeste et oblige à avoir recours à la lumière oxhydrique. On a alors la faculté d'obtenir des projections carrées, de 3 mètres de haut, fortement éclairées.

Cet appareil, sans accessoires, revient à 150 francs. Nous avons créé quatre autres types descendant jusqu'à 35 francs; mais ce dernier ne saurait guère être employé que comme amusement, les images n'étant pas assez parfaites pour pouvoir servir aux démonstrations scientifiques.

VIII

APPAREILS DE PROJECTION PROPREMENT DITS.

L'appareil précédent ne présente peut-être pas assez d'élégance pour un cabinet de physique ou pour un cours d'ordre supérieur. Il est alors remplacé par le modèle de la fig. 25, dans lequel le corps de l'appareil

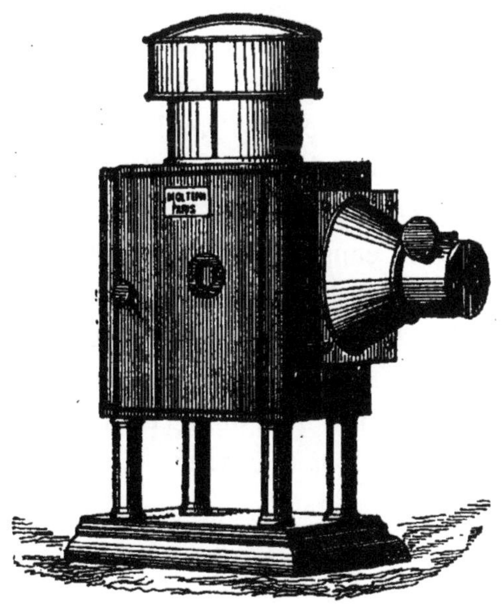

Fig. 25.

est supporté par quatre colonnes en cuivre, fixées sur un socle en acajou. Dans le cas où on ne cherche à obtenir que des projections restreintes, on peut l'éclairer au moyen d'une lampe ordinaire à huile ou à pétrole; mais c'est un cas exceptionnel, car ce type est presque toujours utilisé avec la lumière oxhydrique ou même avec la lumière électrique.

Pour l'éclairer à la lumière oxhydrique, on n'a qu'à poser sur le socle un chalumeau à pied. Cependant, ce n'est pas ainsi que nous le disposons habituellement.

Le chalumeau est monté sur une double *plaque* spéciale, munie de crémaillères ou de vis permettant de modifier lentement la place du chalumeau.

Le but de ces mouvements est d'arriver à obtenir le centrage mathématique du point lumineux; et, afin que ce centrage ne soit pas troublé, lorsqu'on touche aux robinets, ceux-ci sont disposés de manière à être indépendants du chalumeau.

Ce mode de construction est le plus perfectionné que nous connaissions, et, lorsque son prix un peu élevé n'est pas un obstacle à son acquisition, c'est le modèle par excellence à adopter, en raison de la supériorité des résultats qu'il donne et de la facilité avec laquelle on peut le manœuvrer.

IX

APPLICATION DES APPAREILS PRÉCÉDENTS A LA FANTASMAGORIE

La *fantasmagorie* est un mode d'emploi particulier des appareils décrits dans les chapitres précédents. On peut obtenir lès effets de fantasmagorie avec une simple lanterne magique comme avec l'appareil de projection le plus perfectiônné.

La fantasmagorie consiste à faire apparaître un objet, que le spectateur croit voir d'abord dans un éloignement assez reculé et qui, en apparence, se rapproche de plus en plus jusqu'à paraître s'élancer dans la salle.

Pour cela, il faut que l'image soit projetée sur la toile, d'abord petite et sombre, puis qu'elle s'agrandisse graduellement et qu'elle s'éclaire de plus en plus. On atteint ce double but, en éloignant l'appareil peu à peu de l'écran et en entr'ouvrant lentement le diaphragme ou œil-de-chat, qui laisse sortir de l'appareil une somme plus ou moins grande de lumière.

Tout d'abord, comme il ne faut pas que le spectateur puisse découvrir la manœuvre, les projections se font sur un écran transparent séparant la salle des séances en deux parties. D'un côté est disposé l'appareil; de l'autre, se trouvent les spctateurs.

L'appareil est monté sur un chariot mobile (fig. 26), dont les roues sont garnies de drap ou de caoutchouc, afin d'éviter toute espèce de bruit, susceptible de trahir le mouvement d'avance ou de recul de l'appa-

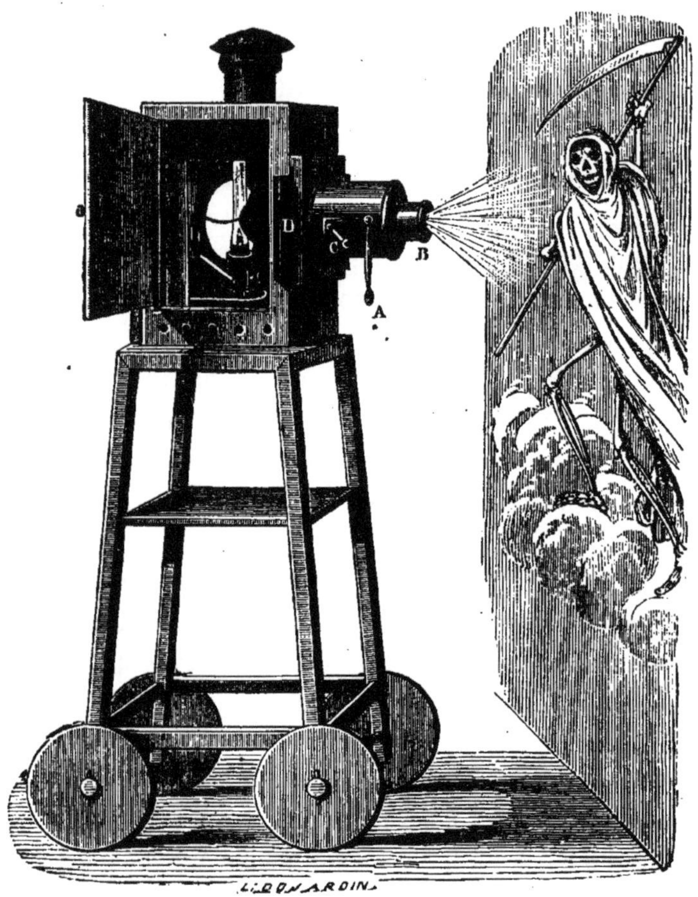

Extraite de la *Physique* de *Ganot* (Fig. 26.)

reil; de plus, afin que le déplacement du chariot s'effectue selon une direction exactement perpendiculaire à la toile, on le fait rouler sur des rails en bois, comme les coulisses d'un lit, qui évitent, en outre, les soubresauts que les inégalités du parquet imprimeraient à l'appareil.

Supposons qu'il s'agisse de faire apparaître, puis d'agrandir un fantôme, comme celui représenté par la fig. 26; on rapproche l'appareil de l'écran de quelques décimètres, en ayant soin de tenir le diaphragme fermé; on met le tableau D dans la coulisse, puis on lâche légèrement la ficelle A, pour laisser passer un peu de lumière; une lueur de peu d'étendue apparaît, sans formes définitives; car on ne met pas encore le tableau au point.

D'une main, on tient la ficelle A et, de l'autre, la manivelle C; puis, avec le coude, on pousse doucement le chariot, qui se met en marche à reculons : la lueur lumineuse s'élargit et, à mesure qu'elle augmente, on lâche la ficelle A, pour donner graduellement plus de lumière. En même temps. on précise de plus en plus la *mise au point* (1), afin que l'image gagne tout à la fois en grandeur, en lumière et en netteté. De cette façon, le fantôme, qui paraissait primitivement petit, sombre et mal défini, semble se rapprocher de plus en plus du spectateur.

Quelquefois, selon les sujets, on fait la manœuvre inverse; l'image apparaît grande et lumineuse, pour ensuite diminuer, s'assombrir et enfin disparaître en une lueur confuse.

(1) On appelle *mise au point* l'opération consistant à donner à l'image son maximum de netteté à l'aide du déplacement de l'objectif mû par la crémaillère.

Tel est, en peu de lignes, le secret de la fantasmagorie. Il est évident que ce genre d'expériences si curieuses ne produit d'illusion qu'à la condition qu'elles soient bien préparées et bien exécutées. L'illusion est à son comble, lorsque, par suite de la disposition des lieux, ou peut arriver à dissimuler aux regards l'existence de la toile, soit avant la séance, soit pendant le cours même des projections.

La pièce, dans laquelle on opère, doit être de couleur sombre, ainsi que le plafond, afin d'éviter les reflets des murailles qui éclairent la toile.

Au moment où les spectateurs entrent dans la pièce l'écran doit être dissimulé par un rideau ou par un décor. Tout le monde étant en place, on éteint complètement les lumières de la salle, afin que le public reste quelques secondes dans les ténèbres; puis, l'image étant déjà projetée sur l'écran, on écarte sans bruit le rideau, et le fantôme apparaît à l'improviste, sans que le spectateur puisse se rendre compte de l'endroit où est placé l'écran. De cette façon, son imagination est frappée immédiatement.

Au commencement du siècle, quand Robertson mit en honneur la fantasmagorie, c'est principalement aux dispositions ingénieuses de tous ces détails qu'il dût son succès, car il n'avait pas alors à son service les appareils et les éclairages dont on dispose aujourd'hui.

Quand on opère avec la lumière oxhydrique, il faut se munir de tuyaux de caoutchouc assez longs et disposés de telle manière, qu'ils ne gênent en rien la manœuvre de l'appareil.

Si la lanterne dont on se sert n'est pas garnie d'un œil-de-chat pour régler la sortie des rayons, on obvie à cet inconvénient en plaçant la main devant l'objectif et en écartant les doigts plus ou moins, de façon à ne laisser passer que la lumière nécessaire.

On a expérimenté différents systèmes de levier pour maintenir les images au point, quelle que fût la distance séparant l'appareil de l'écran ; mais ces dispositions compliquées ne donnent pas des résultats assez satisfaisants pour qu'on s'en embarrasse, d'autant plus qu'au bout de deux ou trois expériences, on arrive à exécuter très-bien la manœuvre qui vient d'être expliquée.

Pour compléter les effets fantasmagoriques, on peut produire des apparitions dans la salle même, au milieu des spectateurs, et les changer continuellement de place, les enlever d'un endroit pour les faire réapparaître de nouveau à l'extrémité opposée de la pièce.

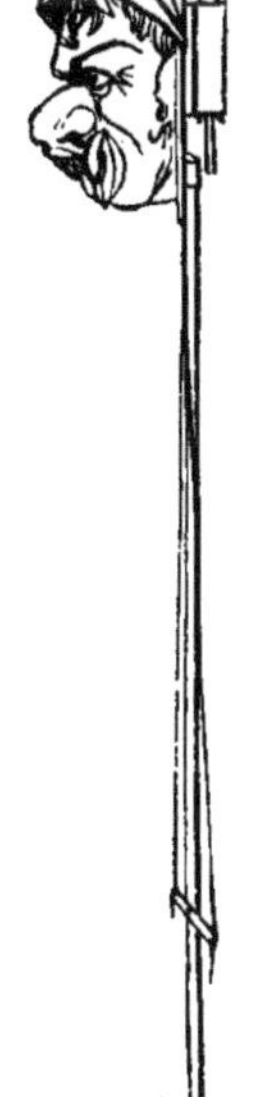
Fig. 27.

On emploie, à cet effet, des masques transparents, munis d'une lanterne sourde (fig. 27). Un long bâton, à l'extrémité duquel le masque est fixé, sert à le promener au-dessus de la tête des spectateurs, qui, étant dans l'obscurité, ne peuvent le distinguer. Il y a le long du bâton deux ficelles, qui servent à manœuvrer une trappe à l'intérieur de la lanterne. Suivant que cette trappe se trouve ou ne se trouve pas devant la lumière, le masque ne se voit pas ou se voit; il devient visible quand on le rend lumineux.

Pour compléter l'effet, on entoure le manche du bâton d'un linceul, qui recouvre en même temps l'opérateur.

Ces masques transparents représentent, soit des sujets effrayants, soit des sujets grotesques, soit enfin d'autres sujets plaisants.

X

MICROSCOPE A GAZ

Avant de passer aux appareils doubles, il y a lieu de dire un mot de la projection des objets microscopiques.

Les appareils, construits pour projeter les photographies de 7 centimètres de côté, ne montrent point les petits objets sous d'assez grandes dimensions. On modifie alors l'appareil, en remplaçant l'objectif ordinaire par un corps de microscope, analogue à celui du microscope solaire.

Dans le cas actuel, vu la grande absorption de lumière qui résulte de l'emploi de ce corps de microscope, il faut recourir à la source la plus intense, c'est-à-dire à la lumière électrique. Cependant, on peut, au besoin, se contenter de l'éclairage aux deux gaz ; la fig. 28 représente un microscope à gaz tout installé. Comme il n'y a jamais trop de lumière pour éclairer les projections de ce genre, on est amené à employer dans ce cas les gaz sous pression en se servant de deux sacs, dont l'un est rempli d'hydrogène et l'autre d'oxygène.

La manœuvre des gaz et des chalumeaux a été suffisamment décrite précédemment pour que nous n'y revenions pas ici. Nous ajouterons seulement que, dans l'emploi de ce microscope, le centrage du point lumineux doit être encore plus précis que quand on

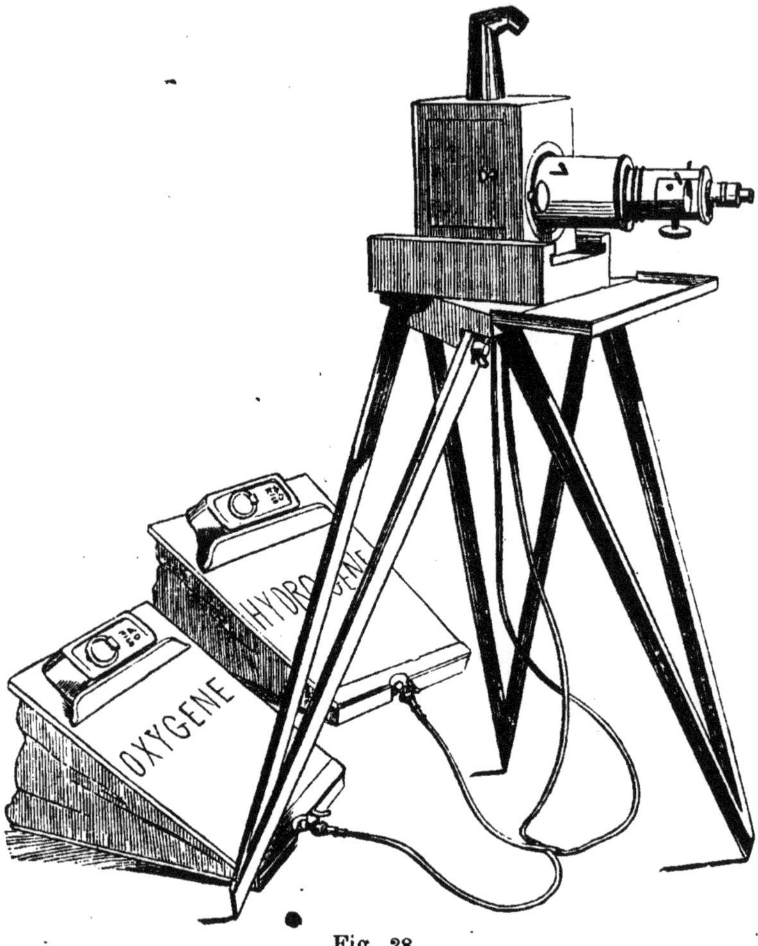

Fig. 28.

fait simplement usage de l'appareil ordinaire de projection.

De plus, la pression à laquelle sont soumis les gaz,

l'ouverture des robinets, la distance de la chaux au bec du chalumeau, doivent être réglés de façon à obtenir le maximum d'intensité avec le plus petit point lumineux possible. Il importe que l'instrument soit construit de telle sorte, qu'on puisse amener mathématiquement ce point lumineux à la place qu'il doit occuper.

XI

POLYORAMA

1° *Appareil à projection double*

Avec les appareils que nous avons passés en revue jusqu'ici, lorsqu'un tableau a été projeté, il faut le retirer de la lanterne pour le remplacer par un autre. Pendant le changement, on doit, ou fermer l'objectif, ou laisser l'écran en pleine lumière. Cela fait assez mauvais effet dans l'un ou l'autre cas.

L'avantage du polyorama, ou *appareil à vues fondantes*, est d'occuper la toile d'une manière continue. Les projections se succèdent sans interruption en se fondant, pour ainsi dire, l'une dans l'autre, l'une s'éteignant pendant que l'autre acquiert déjà plus de vigueur. Le côté le plus intéressant de ce mode de représentation est d'obtenir plusieurs transformations successives d'une même vue, que l'on fait passer du jour à la nuit, de l'été à l'hiver. On peut aussi donner de l'animation à la vue déjà projetée sur l'écran, en la complétant par des effets complémentaires d'aurore boréale, de neige, d'incendie, etc., etc.

Les appareils doubles trouvent aussi leur emploi dans l'enseignement et dans les conférences scientifiques, lorsqu'il s'agit de montrer les différentes phases d'un phénomène ou de superposer deux images dont la réunion doit produire un effet déterminé. Sur notre catalogue de tableaux figurent une série de sujets, qui ne peuvent être projetés qu'avec un appareil de ce genre. Par exemple, c'est avec un appareil double que nous avons représenté, lors d'une conférence de M. Stanislas Meunier, à la Sorbonne, les apparitions, passages et explosions de bolides.

Fig. 29.

Ces effets, qui peuvent se compliquer à l'infini, s'obtiennent à l'aide de deux, trois, quatre ou cinq lanternes, dirigées vers le même point de la toile, sur laquelle elles projettent, simultanément ou séparément, les sujets principaux et les effets complémentaires.

Supposons deux lanternes A et B (fig. 29), montées sur une même tablette C D, avec laquelle elles sont articulées de façon à pouvoir être amenées à faire converger leurs lumières respectives vers le même point E de l'écran F G. Ces lanternes sont munies de ces diaphragmes mobiles, dont nous avons déjà parlé, permettant de laisser passer ou d'intercepter à volonté les rayons qui sortent des objectifs.

Plaçons dans la lanterne A un paysage d'été et, dans la lanterne B, le même paysage vu en hiver. Le diaphragme de A étant ouvert et celui de B fermé, c'est la vue d'été que l'on aperçoit sur l'écran.

Si, pendant que nous fermons graduellement le diaphragme de A, nous ouvrons progressivement de la même quantité celui de B, la vue d'été disparaît insensiblement pendant que la vue d'hiver devient de plus en plus visible et finit par occuper seule l'écran, la première ayant complètement disparu.

Les deux vues sont ainsi fondues l'une dans l'autre, sans que le spectateur, placé de l'autre côté de l'écran, puisse s'apercevoir de la manière dont cet effet est produit.

Si, pendant que l'appareil B est ouvert, nous voulons faire tomber de la neige sur la vue d'hiver, nous retirons la vue d'été de l'appareil A, qui est fermé, et nous mettons à sa place le mécanisme en usage pour imiter la chute de la neige ; puis, laissant toujours B ouvert, nous ouvrons également la lanterne A, de sorte que, sur l'écran, nous obtenons en même temps la vue d'hiver projetée par B et les points blancs, figurant la neige projetée par A.

On voit, par ces exemples, que les deux lanternes d'un polyorama sont appelées, suivant les cas, à fonctionner alternativement ou simultanément.

On remarquera aussi qu'avec l'appareil aux deux lanternes nous n'avons pu faire tomber la neige qu'après que la vue d'hiver se trouvait déjà projetée sur l'écran. Pour faire neiger sur une vue d'été et pour passer graduellement à l'effet d'hiver, un troisième appareil est nécessaire. La manœuvre s'exécute alors de la manière suivante.

Pendant que la vue de l'appareil A se fond dans celle de B, le troisième appareil, fonctionnant en même temps, projette l'image de la neige qui tombe.

Si, pendant que la neige tombe, on voulait produire un autre effet, tel que celui de l'incendie d'une ferme, faisant partie du paysage, il faudrait employer un quatrième appareil.

Par ces exemples, on peut comprendre quel est le but de ces appareils multiples qui se construisent rarement, et seulement pour des établissements spéciaux. Les appareils doubles sont, du reste, suffisants pour produire la plupart des effets de polyorama, et il vaut toujours mieux ne pas compliquer son matériel.

Différentes dispositions peuvent être employées pour permettre de masquer successivement la lumière des deux lanternes composant un polyorama.

La fig. 30 représente le *Dissolver anglais*.

Dans cet appareil, une lame dentée passe lentement devant un des objectifs de façon à le masquer graduellement, pendant qu'une seconde lame semblable découvre l'autre objectif.

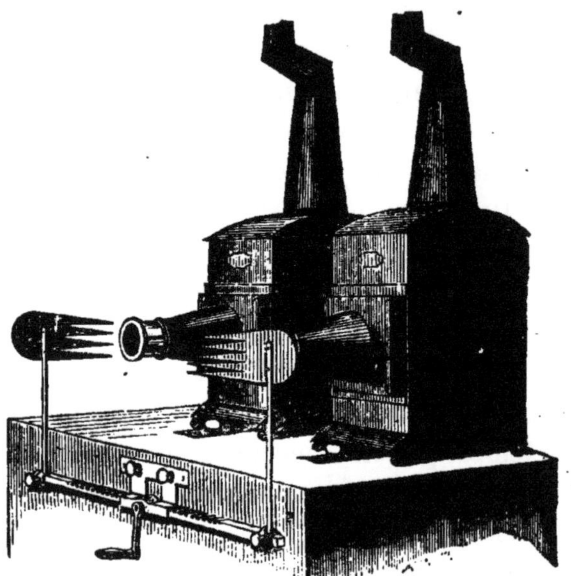

Fig. 30.

Dans la fig. 31 se trouve représentée une disposition analogue adaptée à l'appareil double américain.

Mais le système des diaphragmes à ouvertures variables, adopté pour l'appareil dessiné dans la fig. 32, est plus perfectionné.

La fig. 32 représente la disposition habituelle des polyoramas.

Les deux lanternes A et B, montées sur la planchette C D, sont mobiles dans le sens horizontal, afin qu'on puisse régler la convergence de leur lumière sur l'écran. Cette convergence varie nécessairement selon la distance à laquelle on opère.

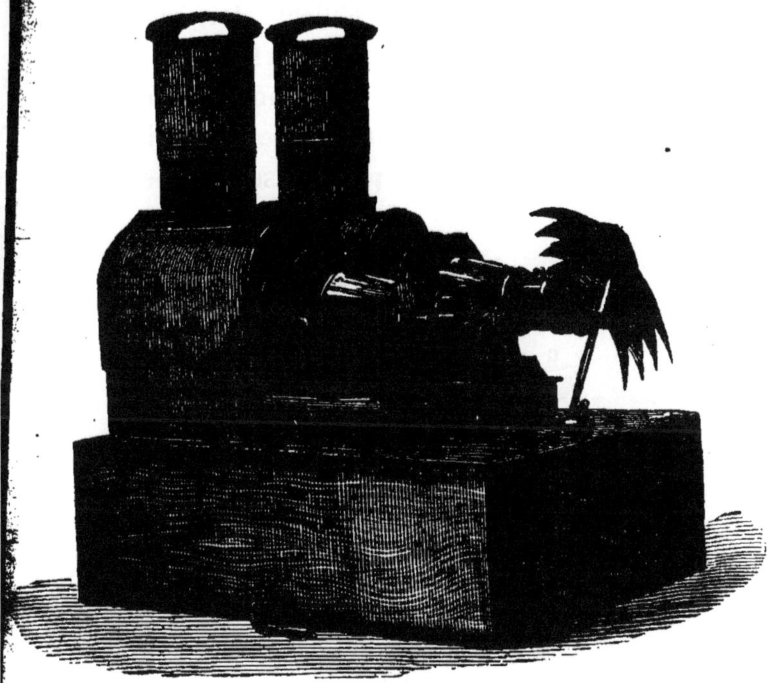

Fig. 31.

L'appareil de la fig. 32 peut fonctionner à volonté avec des lampes à pétrole à trois mèches et avec la lumière oxhydrique ou la lumière oxycalcique.

Les deux lampes, munies de leurs réflecteurs, sont introduites dans les boîtes et mises soigneusement en place, de façon qu'on obtienne un disque uniformément éclairé comme celui représenté en A, (fig. 10.)

On procède alors à la convergence des lanternes de

la façon suivante : un tableau se trouvant à l'intérieur de l'appareil A, on met au point; puis on le retire pour en faire autant avec l'appareil B, dont on enlève également le tableau. On obtient alors sur l'écran deux disques lumineux, qui sont de la même grandeur mais qui ne se superposent pas. L'un déborde à droite, l'autre à gauche ; on desserre les écrous à l'intérieur ; les boîtes, rendues libres, peuvent se déplacer, et l'on

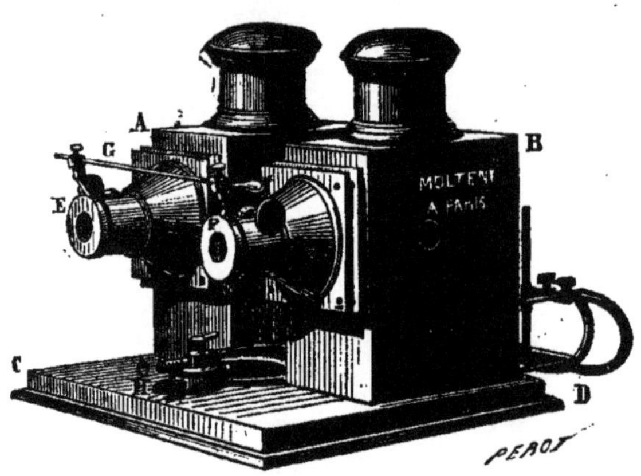

Fig. 32.

amène aisément les disques l'un sur l'autre, puis on serre les écrous. E et F sont les diaphragmes à ouverture variable, qui se ferment ou s'ouvrent graduellement pour donner des vues fondantes. On peut les rendre solidaires par une tringle G, dont la longueur est réglée de telle sorte, que l'un des diaphragmes est fermé, pendant que l'autre reste ouvert ; mais il est utile de pouvoir les rendre indépendants à un moment donné. A cet effet, la tringle G peut se dégager instantanément des leviers qui commandent les diaphragmes.

En suivant exactement ces explications et celles données précédemment, on peut facilement faire fonctionner un polyorama avec les lampes ordinaires.

La marche à suivre n'est pas la même si l'on emploie la lumière oxhydrique.

Disons tout d'abord que les diaphragmes E et F ne sont plus nécessaires, le *fondant* s'obtenant à l'aide d'un robinet particulier, dont il va être question. Aussi, avec les appareils construits pour marcher seulement au gaz, peut-on s'en passer. Ils ne servent que dans certains cas pour ouvrir ou pour fermer brusquement les appareils, si l'on veut produire, par exemple, des apparitions d'éclairs ou obtenir d'autres effets instantanés semblables.

Une pièce importante du polyorama, éclairé par la lumière oxhydrique, c'est le *robinet distributeur*, que l'on distingue sur le devant de la planchette de l'appareil. Avant l'invention de ce robinet, on était obligé d'avoir une prise de gaz d'éclairage, spéciale pour chaque appareil, ainsi que deux sacs d'oxygène; il est vrai que l'on pouvait simplifier cette installation en bifurquant le conduit unique amenant le gaz, ainsi que l'oxygène, pris sur un seul sac; mais on devait conserver tout le temps les deux lanternes allumées, et, pour fondre les vues successives, on employait les diaphragmes E et F comme avec des lampes à huile.

Le robinet distributeur sert, non seulement à fondre

les vues, mais il barre la route à l'oxygène du côté de la lanterne qui ne fonctionne pas, ce qui permet de réaliser une économie très considérable.

Deux distributeurs sont nécessaires : un pour l'hydrogène, un pour l'oxygène. La fig. 32 les représente montés l'un au-dessus de l'autre; la tubulure H se trouve à l'arrivée du gaz d'éclairage, la tubulure O, à celle de l'oxygène.

Comme, en employant le gaz d'éclairage, la dépense est insignifiante et que, de plus, il faut qu'il reste constamment allumé, le distributeur inférieur n'a pas de robinet fondant comme le distributeur supérieur.

A la tubulure H s'adapte le tuyau en caoutchouc amenant le gaz d'éclairage de la conduite la plus proche. A sa sortie du distributeur, où il passe librement, le gaz se divise, comme on peut le voir sur la figure, pour aller alimenter en même temps le chalumeau de l'appareil A et celui de l'appareil B.

La tubulure O reçoit le tuyau amenant l'oxygène du sac ou gazomètre; mais, comme ce distributeur supérieur est muni d'un robinet particulier, l'oxygène n'arrive à l'un ou à l'autre des chalumeaux qu'autant qu'on a tourné la clé d'une manière convenable.

Les quatre figures 33, 34, 35, 36 feront comprendre immédiatement comment la manœuvre doit être exécutée.

Dans ces quatre figures, les mêmes tubulures portent les mêmes lettres pour en faciliter l'intelligence.

La grosse tubulure A se trouve à l'arrivée du gaz

oxygène, provenant directement du sac, la tubulure B l'envoie dans un des chalumeaux; la tubulure C dans l'autre.

Des flèches indiquent dans chaque figure la direction suivie par l'oxygène, à son entrée dans le robinet distributeur et à sa sortie.

Dans la position indiquée par la fig. 33, le *manche D qui sert à ouvrir et à fermer ce robinet étant en travers*, l'oxygène ne passe pas; les deux appareils sont donc alors privés de lumière.

Fig. 33. Fig. 34.

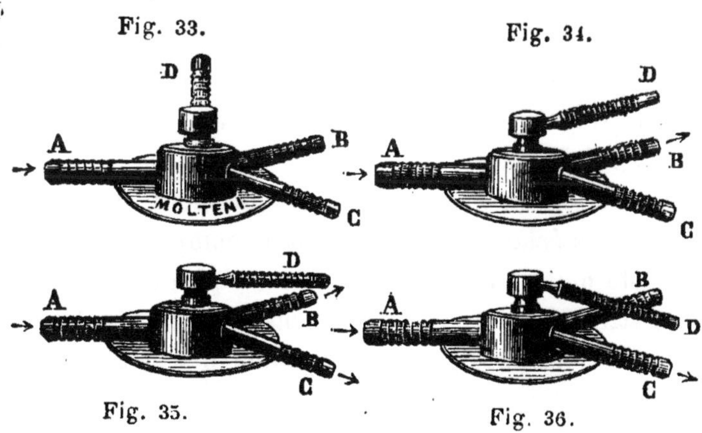

Fig. 35. Fig. 36.

Dans la position indiquée par la fig. 34, le manche D étant au-dessus de la tubulure B, l'oxygène passe dans le chalumeau correspondant et non dans l'autre.

Dans la position indiquée par la fig. 36, le manche D se trouvant au-dessus de la tubulure C, c'est le second chalumeau qui produit une pleine lumière, le premier étant alors éteint.

Enfin, dans la position indiquée par la fig. 35, le manche D étant entre les tubulures, les deux chalumaux reçoivent en même temps de l'oxygène, et l(appareils peuvent projeter deux vues superposées.

Pour que les deux appareils donnent en même temp une pleine lumière, il faut amener le manche D au dessus de la tubulure A.

Pour fondre les vues, il suffit de tourner doucemen le manche du robinet distributeur d'une tubulure vers l'autre.

Maintenant que nous avons vu comment les gaz se distribuent dans les deux lanternes, nous ne pouvons que renvoyer aux pages 51 et suivantes, ainsi qu'à la page 72, pour ce qui concerne la manœuvre des chalumeaux, le réglage des robinets, et le centrage des points lumineux.

Tout étant en ordre, les disques lumineux bien uniformément éclairés et se superposant complètement, il ne reste plus qu'à glisser les tableaux à leur place et à les mettre au point. Nous supposons ici qu'au préalable les cadres auront été ajustés, comme il sera expliqué plus loin, afin que chaque vue tombe bien à sa place sur l'écran.

La disposition horizontale (fig. 32) oblige l'opérateur à passer continuellement derrière l'appareil pour aller d'une lanterne à l'autre pour y introduire de nouveaux tableaux ; de plus, lorsque deux tableaux mécanisés doivent être projetés simultanément, il faut deux personnes pour manœuvrer l'appareil.

Aussi, depuis plusieurs années, a-t-on adopté l'appareil double vertical (fig 37). C'est le type dont nous nous servons depuis longtemps dans toutes les expériences que nous faisons. Nous pouvons donc le recommander en toute connaissance de cause.

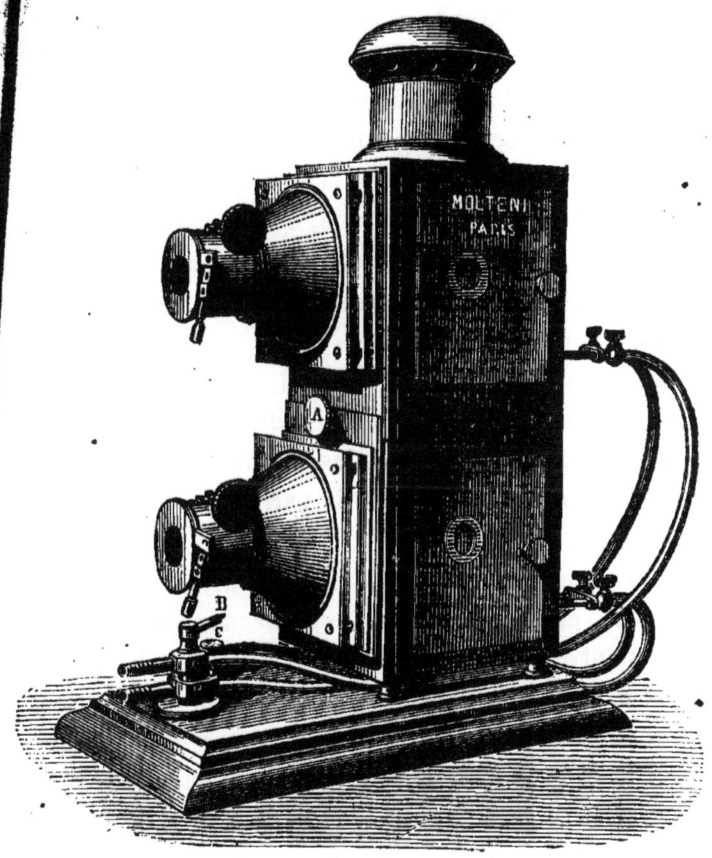

Fig. 37.

Il occupe moins d'espace; il est d'un transport plus facile, il forme un ensemble compact, moins sujet à se déranger, et il a surtout l'immense avantage de permettre à l'opérateur, qui reste en place, de pouvoir manœuvrer simultanément les tableaux des deux appareils. On a tout sous la main : robinets, crémaillères de mises au point, chalumeaux, vis de rappel pour les convergences, diaphragmes ; en un mot, on peut au besoin, manœuvrer en restant assis et sans se déranger. Parmi les avantages du polyorama vertical, nous devons encore signaler celui de pouvoir faire passer dans chaque lanterne successivement les différentes parties d'une même vue, ayant des dimensions en longueur supérieures à la largeur de l'appareil. Ceci est impossible avec l'appareil horizontal à double lanterne.

Bien que la forme de l'appareil, représenté par la fig. 37, soit différentes des précédentes, les éléments qui le composent restent les mêmes que ceux du modèle, dont nous venons de parler, représenté par la fig. 32.

La convergence des appareils s'obtient ici très simplement, puisqu'il suffit de tourner dans un sens ou dans l'autre le bouton A, qui commande à la fois les deux systèmes optiques et permet de les incliner plus ou moins suivant l'éloignement de l'écran. Cette facilité est surtout appréciable lorsque, ayant deux effets à produire à la fois sur la toile, on s'aperçoit que la coïncidence n'est pas exacte, car, immédiatement, le le bouton A les ramène l'un sur l'autre.

Les appareils d'une construction plus économique sont munis de quatre boutons de réglage, disposés comme on peut le voir dans la fig. 38.

Les distributeurs pourraient être les mêmes ; cependant nous les avons modifiés légèrement.

Nos premiers appareils de ce genre étaient munis d'un système de quatre robinets conjugués, ayant pour but d'économiser également le gaz d'éclairage; mais ce système était un peu compliqué, tandis que le distributeur actuel est beaucoup plus simple et atteint le même but.

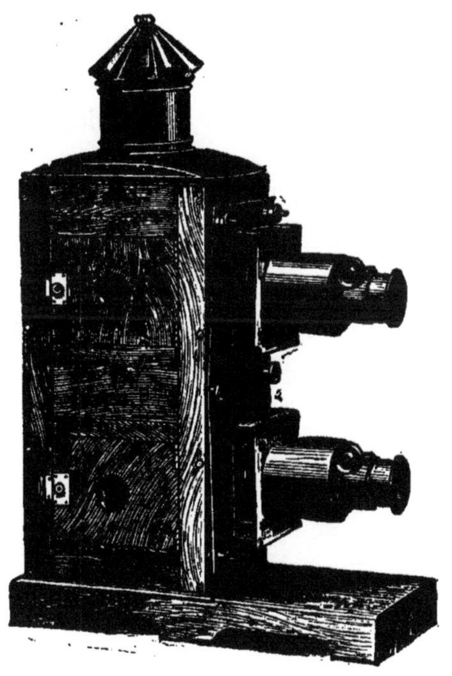

Fig. 38.

Dans certains cas, lorsque le gaz d'éclairage n'arrive pas en abondance, ou bien lorsqu'on se sert d'hydrogène préparé spécialement pour la circonstance, on a intérêt à économiser ce gaz et à l'empêcher de brûler inutilement dans l'appareil qui ne fonctionne pas.

Pour obtenir ce résultat, le distributeur inférieur est muni, comme celui de l'oxygène, d'un robinet ; les deux robinets se manœuvrent en même temps au moyen de la clef B; mais il faut, en outre, que l'hydrogène ne s'éteigne pas complètement et qu'il en passe une petite quantité qui reste allumée.

A cet effet un petit conduit relie entre elles les deux tubulures, et le bouton C, qui est visible sur la figure, sert à régler la quantité de gaz qui doit passer pour entretenir un peu de lumière dans la lanterne qui ne fonctionne pas.

Les autres détails de la manœuvre étant les mêmes que pour l'appareil horizontal, nous ne nous y arrêterons pas plus longtemps. La figure montre, du reste, la disposition des tuyaux et les différents détails qu'il peut être intéressant de connaître.

XII

POLYORAMA (*suite*).

2° Appareil à projection multiple.

Ainsi que nous l'avons déjà dit, les effets complémentaires s'obtiennent à l'aide d'un troisième, d'un

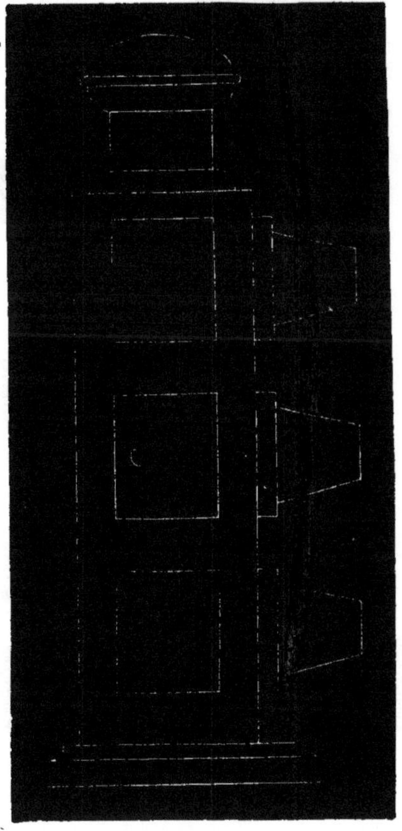

Fig. 39.

quatrième ou d'un cinquième appareil supplémentaire, que l'on peut disposer de bien des manières.

La plupart du temps, si l'on a déjà à sa disposition un appareil double, on peut prendre un appareil simple, que l'on place à droite ou à gauche de l'appareil principal, en ayant soin d'en faire converger la

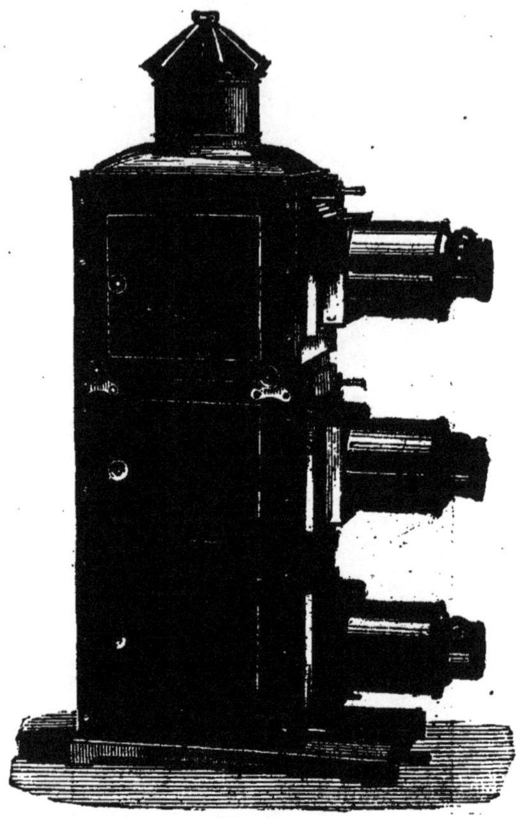

Fig. 40.

lumière vers la même partie de l'écran. Ce troisième appareil ne fonctionne que de temps à autre, tandis que l'appareil à projection double fonctionne pendant toute la durée de la séance.

Si l'on préférait que tous les appareils fussent réunis, on pourrait, par les fig. 39, 40, 41, 42, se faire une idée des différentes dispositions à adopter.

Les fig. 39, 40, et 41, indiquent les dispositions qui peuvent convenir à un appareil à trois lanternes, et la fig. 42 , une disposition pour appareil à cinq lanternes. Mais, comme il a déjà été dit, ces appareils, par trop compliqués, ne sont pas d'un emploi usuel ; aussi fait-on bien de s'en tenir, dans la pratique, aux appareils doubles ou triples.

Fig. 41.

Il se présente ici une question intéressante à résoudre. Peut-on, avec un seul sac ou gazomètre, alimenter 3, 4 ou 5 chalumeaux?

En principe, il est évident qu'avec un seul gazomètre on peut fournir du gaz à un nombre plus ou moins considérable de becs, mais on ne leur en fournira pas dans une égale proportion. Suivant les résistances qu'il rencontre dans sa circulation, le gaz arrive plus facilement à certains becs qu'à d'autres, de sorte qu'on est exposé à une grande inégalité dans la répartition de l'éclairage.

Fig. 42.

Déjà, pour l'appareil à double projection, l'expérience montre que l'un des chalumeaux éclaire souvent mieux que l'autre et que, pour les égaliser tous les deux, il faut tâtonner dans le réglage des robinets.

Lorsqu'on se sert d'un appareil à triple projection, les inégalités s'accentuent, et deux des becs consomment une quantité proportionnellement plus forte des deux gaz au détriment du troisième bec. Aussi conseillons-nous, dans ce cas, de se munir d'un grand sac, fournissant l'oxygène au distributeur des deux appareils, qui fonctionne continuellement, et d'avoir, pour le troisième chalumeau, un petit sac spécial, ainsi qu'une prise de gaz d'éclairage indépendante.

Comme ce troisième appareil ne fonctionne que par intervalles, quand on n'en a pas besoin, on ferme le robinet d'oxygène, afin d'éviter une consommation inutile de gaz.

Si on opère avec un appareil à projection quadruple, on peut avoir un grand sac pour chaque paire d'appareils et deux robinets distributeurs.

Il faut savoir que, même avec l'appareil à double projection, alimenté par un seul sac, les chalumeaux donnent plus de lumière, lorsqu'ils brûlent séparément, que lorsqu'ils brûlent tous les deux en même temps.

D'après cela, si l'on ne regarde pas à la dépense occasionnée par le gaz et le matériel, chaque chalumeau devrait être alimenté au moyen d'un sac spécial et d'une prise de gaz indépendante.

Cependant, on opère rarement ainsi, l'emploi d'un sac unique étant trop simple pour qu'on s'assujettisse, sans nécessité absolue, à accroître son matériel et à compliquer la manœuvre.

Comme type d'appareil à projection multiple, éclairé par la lumière électrique, nous pouvons recommander celui de la fig. 43, montrant la construction que nous avons adoptée. Les trois systèmes optiques y sont dis-

Fig. 43.

posés de telle sorte, que les foyers des lentilles condensatrices tombent au même point, c'est-à-dire précisément à l'endroit où se forme l'arc voltaïque du régulateur unique, qui fournit la lumière aux trois appareils simultanément.

Les appareils de droite et de gauche sont munis de prismes destinés à renvoyer les images et à les faire converger sur l'écran. L'appareil du milieu sert à produire les effets complémentaires. Cet appareil demande à être construit avec un soin particulier, et chacune des différentes pièces dont il se compose doit être munie de mouvements de rappel permettant d'obtenir la coïncidence parfaite des foyers des trois systèmes optiques et du point lumineux.

Il faut aussi apporter une attention particulière dans le centrage des charbons du régulateur, afin que l'arc voltaïque ne se forme pas plus d'un côté des charbons que de l'autre; autrement, les trois appareils ne seraient pas également éclairés.

Dans un appareil de ce genre, nous avons remplacé le système optique du milieu par un microscope, afin qu'on puisse se servir de l'instrument, tantôt comme appareil polyoramique, et tantôt comme microscope photo-électrique.

XIII

AJUSTEMENT DES TABLEAUX.

Avant de terminer ce qui a rapport aux polyoramas, nous appellerons d'une façon toute spéciale l'attention sur la manière dont il faut régler les tableaux, la plupart des effets produits sur l'écran n'ayant de valeur qu'à la condition que le public n'aperçoive pas, à chaque changement de vue, d'hésitation et de tâtonnement.

Quel que soit le modèle de polyorama que l'on emploie, ce réglage doit être fait une fois pour toutes pour chaque tableau. A cet effet, on ajuste les cadres de telle sorte, que deux vues, projetées l'une sur l'autre, coïncident ligne pour ligne.

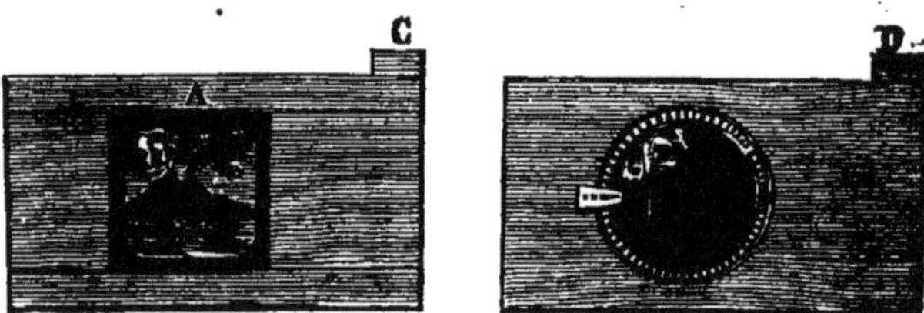

Fig. 44. Fig. 45.

On comprend aisément que, si les cadres mis au hasard dans l'appareil, débordent plus ou moins dans les coulisses dont il est muni, ce résultat ne saurait être obtenu.

Prenons comme exemple une vue de l'éruption du

Vésuve (fig. 44) : A représente la baie de Naples, avec le Vésuve dans le fond, commençant à vomir de la fumée. Il s'agit, avec le tableau de la fig. 45, qni porte sur fond noir des flammes mises en mouvement à l'aide de la manivelle E, de compléter l'effet d'éruption. Pour que l'illusion soit absolue, il faut que la partie B, représentant les flammes projetées par le second appareil, vienne s'ajuster exactement sur le cratère déjà projeté sur l'écran par le premier appareil.

A cet effet, on fixe à chaque tableau une petite pièce de bois C ou D, de la même épaisseur que le cadre. Ces deux pièces serviront d'arrêt pour empêcher le tableau d'être poussé trop loin dans la coulisse et l'arrêter au point voulu.

On commence par introduire le tableau A dans l'un des appareils jusqu'à ce que l'arrêt C vienne butter contre le bas de la coulisse de l'appareil.

Puis, pendant que la vue est projetée sur l'écran on introduit dans l'autre appareil le tableau B (fig. 45), qui est, à son tour, arrêté par la pièce D. Si cette dernière est bien à sa place, la flamme B viendra s'ajuster exactement au-dessus du cratère ; mais c'est un hasard si on y arrive du premier coup ; il faut donc retirer le tableau représenté dans la fig. 45 et, à l'aide d'une lime, enlever une très-légère épaisseur de bois. On le replace dans l'appareil, et on vérifie si la coïncidence est bien obtenue cette fois, sinon on continue à limer la pièce D jusqu'au moment où le point B correspond bien au cratère.

Ce premier réglage ne suffit pas, car la flamme, tout en se juxtaposant bien sur le cratère, peut être trop haute ou trop basse. Il faut alors donner un coup de lime sur le côté du cadre pour obtenir également la coïncidence dans le sens vertical.

S'il s'agit d'une projection, accompagnée de trois ou quatre effets, il faut régler de la même façon chacun des tableaux destinés à reproduire les effets accessoires sur le tableau principal.

On doit avoir soin que chaque tableau soit repèré avec l'appareil sur lequel il a été ajusté; il ne serait plus en place si on le changeait d'appareil. Opérant, par exemple, avec un appareil double vertical, nous supposons qu'on ait ajusté la vue A sur l'appareil du bas et la flamme B sur celui du haut; si l'on intervertit cet ordre, les deux vues ne pourront plus coïncider exactement.

Il est donc sage de numéroter à l'avance les appareils et d'inscrire les numéros correspondants sur les cadres des tableaux.

XIV

APPAREILS SOLAIRES.

Dans les pays où l'on peut toujours compter sur le soleil, si la pièce où se font les projections est bien orientée, on peut employer cette source de lumière et obtenir ainsi des images, remarquables par leur grandeur et leur intensité.

La pièce dans laquelle on opère doit être rendue obscure au moyen de volets opaques, fermant les fenêtres de manière à intercepter complètement toute lumière extérieure.

Dans le volet faisant face à l'écran, on pratique une ouverture assez grande pour laisser passer le miroir, ainsi que les tiges qui le supportent et qui permettent de le mouvoir (fig. 46).

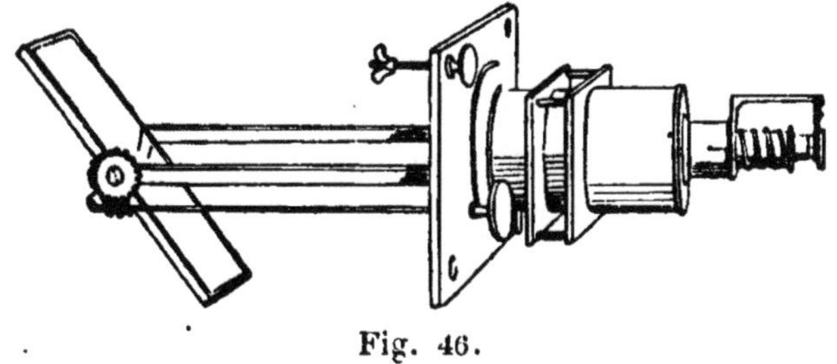

Fig. 46.

Le miroir, mobile en tous sens, se manœuvre de l'intérieur à l'aide de deux boutons faisant saillie, que l'on tourne dans un sens ou dans l'autre, de façon à maintenir les rayons solaires constamment dans l'axe des lentilles.

Les tableaux se glissent dans le *porte-objet*, qui dépasse le corps de l'instrument et en avant duquel se trouve l'objectif qui projette l'image sur l'écran.

L'appareil peut être double pour produire les effets de polyorama.

Cet emploi du soleil est surtout utile quand on veut obtenir l'agrandissement des infiniment petits. L'appareil porte alors le nom de *microscope solaire*.

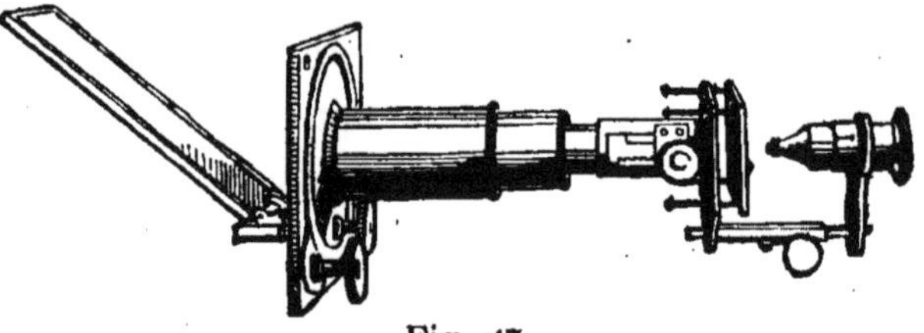

Fig. 47.

Dans ce dernier cas, comme on le voit dans la fig. 47, l'instrument employé est analogue au précédent. Sa construction diffère seulement un peu sous le rapport de la disposition des lentilles et du porte-objet, qui est reculé plus à droite. On peut, du reste, les combiner ensemble, de façon à ne faire des deux qu'un seul instrument qui, par un simple changement de pièces, peut servir dans un cas ou dans l'autre.

XV

PROJECTION DES CORPS OPAQUES.

Nous avons vu que, dans la lanterne magique, on emploie des tableaux transparents. La projection des objets opaques est moins ancienne, sans être cependant précisément nouvelle.

C'est sous la première république que le physicien Charles introduisit dans les cours, sous le nom de *mégascope*, un appareil destiné à projeter des corps non transparents. Il plaçait les objets au dehors de la chambre noire, de manière qu'ils fussent éclairés par le soleil. Une lentille fixée dans le volet permettait de projeter l'image agrandie sur un écran.

Cette expérience fut reproduite en remplaçant le soleil par la lumière artificielle, et les effets mégascopiques furent tellement en honneur au commencement du siècle, que non seulement on montrait agrandis des bas-reliefs, des statues, médailles, gravures, etc, etc., mais aussi des personnes vivantes que l'on éclairait avec un plus ou moins grand nombre de quinquets.

Plus tard, on a projeté des photographies prises sur papier, et le mégascope, éclairé par le soleil, a lui-même été utilisé pour obtenir la photographie de l'image agrandie des objets placés au foyer de la lentille.

Malgré tous les perfectionnements apportés aux lentilles et l'emploi des éclairages puissants dont on dispose aujourd'hui, cet instrument laisse toujours à désirer, les objets opaques, surtout ceux de couleur sombre, reflèchissant trop peu de lumière pour pouvoir donner des images bien éclairées. Cependant on verra, par l'exemple que nous citons à la fin de ce chapitre, qu'il est possible, dans certains cas, de tirer parti du mégascope pour l'enseignement, mais à la condition d'employer un éclairage puissant et un appareil bien disposé. Ce genre de projection convient parfaitement aux gravures.

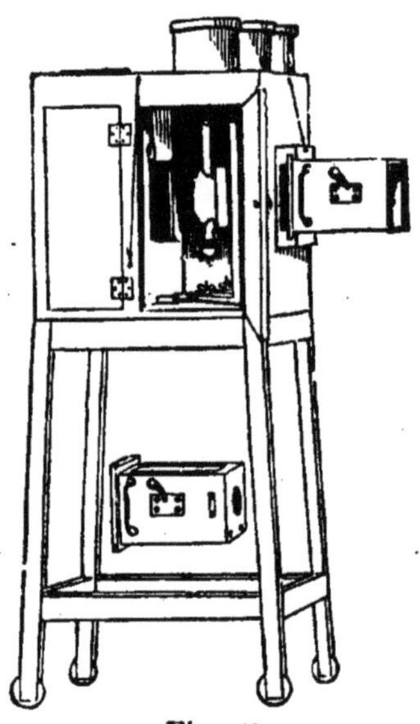

Fig. 49.

Nous parlons, bien entendu, du cas où il s'agit d'obtenir une projection assez grande et assez éclairée pour servir dans un amphithéâtre ; pour ceux des séances de famille, où l'on se contente d'une image petite et sombre, le mégascope à lampes ordinaires peut suffire.

Il ne rentre pas dans notre cadre d'énumérer et de décrire ici les nombreux instruments de ce genre qui ont été construits en France et à l'étranger. Nous parlerons seulement du mégascope, tel qu'il se construisait déjà il y a une quarantaine d'années. Depuis lors, on a modifié plus ou moins la forme extérieure de la boîte, mais le principe est resté le même.

Le mégascope, dans la fig. 49, est représenté monté sur un chariot, ce qui permet de le rapprocher ou de l'éloigner de l'écran de manière à produire, au besoin, des effets de fantasmagorie.

Fig. 50.

Tel qu'il est représenté, l'instrument servait à deux fins, soit pour la projection des objets transparents, soit pour celle des objets opaques. C'est ce qui explique les trois cheminées que l'on remarque au-dessus de la boîte, ainsi que le porte-lentilles de rechange, qui est figuré entre les pieds du chariot.

La fig. 50 représente une coupe de l'appareil.

L'objet opaque A est placé dans la boîte, près du fond, lequel doit être peint en noir mat ou plutôt garni d'une étoffe sans reflet, de velours noir, par exemple. B et C sont deux fortes lampes munies de réflecteurs en plaqué, concentrant le plus de lumière possible sur l'objet A. Ces lampes peuvent être remplacées par d'autres sources de lumière telles que la lumière oxhydrique ou la lumière électrique.

En D, on voit la lentille qui sert à projeter l'image; elle doit toujours être d'un diamètre un peu grand, par rapport à sa distance focale, afin de laisser passer le plus de lumière possible.

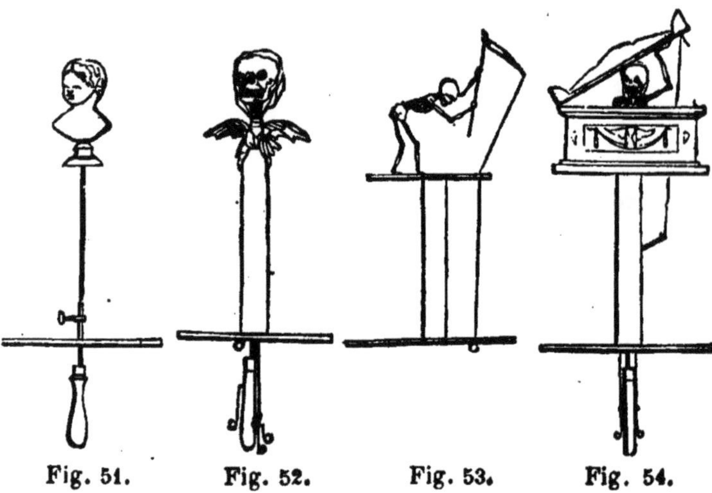

Fig. 51. Fig. 52. Fig. 53. Fig. 54.

L'objet placé en A peut être une gravure, une photographie ou tout autre objet immobile; ce peut être aussi ou une chose animée, un animal, ou un mécanisme quelconque, à condition toutefois que l'un et l'autre ne soient pas d'une épaisseur trop considérable, car, alors, on ne pourrait mettre également au point es différents plans.

Parmi les sujets que l'on a imaginés, pour être montrés au mégascope, nous pouvons citer les suivants, qui sont représentés montés sur une planchette, munie de tiges servant à communiquer le mouvement aux figures :

Uu buste tournant sur lui-même (fig. 51).

Tête de mort battant des ailes, avec mouvements des yeux et de la mâchoire (fig. 52).

Squelette creusant une fosse (fig. 53).

Squelette sortant de son tombeau (fig. 54).

Tous ces sujets, en cuivre mince découpé, doivent être peints en couleurs claires, non brillantes. Les manches, fils et tringles, servant à la manœuvre, sont, au contraire, peints en noir mat, afin de ne pas devenir visibles à la projection.

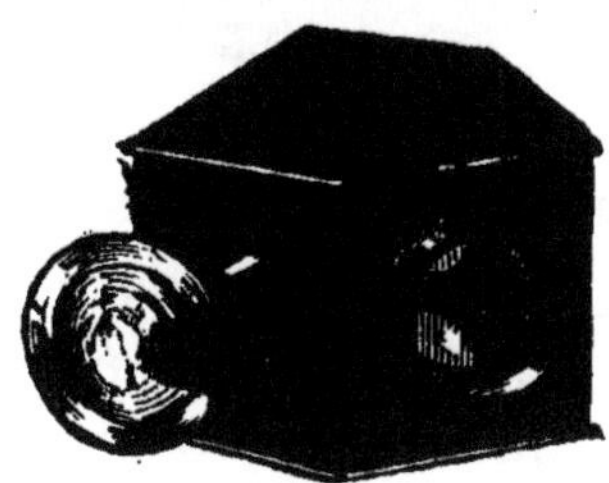

Fig. 55.

Nous donnons ces indications pour montrer ce qui peut être fait en ce genre, car on rencontre peu d'amateurs disposés à acheter ces objets qui sont assez coûteux.

Pour la projection des portraits-cartes photographiques, il n'est pas nécessaire d'avoir un appareil spécial. On se sert fort bien d'un petit mégascope connu dans le commerce sous le nom d'*aphengoscope*. Il se compose d'une boîte (fig. 55) de 10 centimètres de côté, qui se monte sur le devant de la première anterne venue, dont on a ôté l'objectif. La lumière de l'appareil est concentrée sur la photographie par le condensateur, et l'objectif, placé sur un des côtés du petit mégascope, en projette l'image sur l'écran.

Afin d'éclairer plus fortement l'objet, on concentre dessus la lumière de deux appareils. L'aphengoscope prend alors la forme indiquée dans la fig. 56.

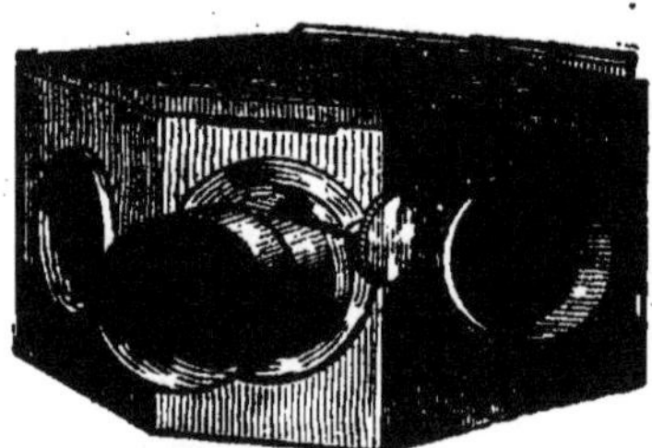

Fig. 56.

C'est avec un appareil de ce genre, et en concentrant sur les figures la lumière de deux chalumeaux, donnant ensemble une lumière équivalente à celle de 500 bougies, que, depuis longtemps, nous projetons, dans les leçons de M. le docteur Bouchut, les planches coloriées de son magnifique atlas d'ophthalmoscopie médicale et de cérébroscopie.

Depuis la première édition de nos instructions pratiques, nous avons construit pour M. Lefebvre un appareil qu'il a fait breveter sous le nom de *bi-lampadaire*. Ce mégascope se pose sur deux lampes, à l'instar des lampascopes décrits précédemment, comme le représente la figure 57. Il sert, dans les

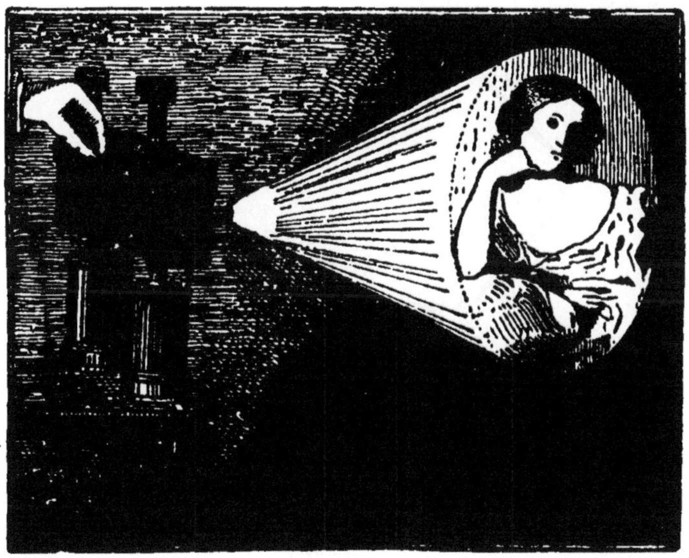

Fig. 57.

séances de famille, pour projeter les photographies sur papier ou les chromo-lithographies, qui se rencontrent aujourd'hui en si grande quantité.

La figure 58 montre une coupe de l'appareil, disposé pour la projection des objets opaques.

Ce mégascope a ceci de particulier, qu'il peut servir encore pour la projection des corps transparents, photographies ou peintures sur verre, utilisées dans les lanternes magiques ordinaires; et cela, sans déplacer les lampes. La fig. 59 montre la disposition ingénieuse adoptée par M. Lefebvre pour atteindre ce résultat.

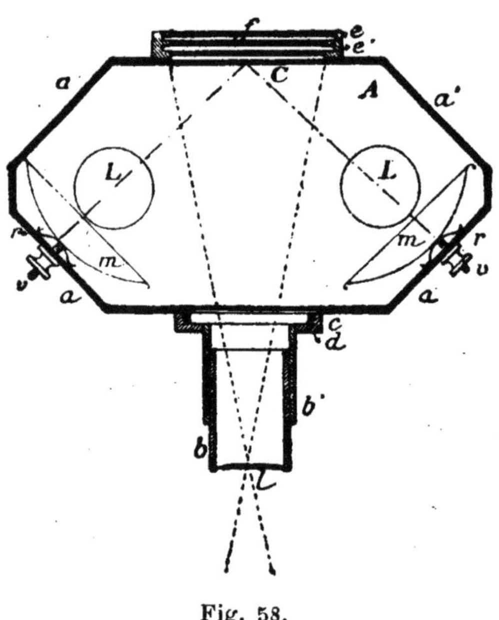

Fig. 58.

En *L*, *L*, se trouvent les deux lampes, derrière lesquelles sont disposés les réflecteurs *m*, *m*, qui rejettent la lumière sur deux glaces placées sous un certain angle au fond de la boîte. Une fois réfléchis, les deux faisceaux lumineux se confondent en un seul, pour passer par le condensateur *p p*, lequel concentre la lumière sur la peinture, absolument comme dans tout autre appareil de projection.

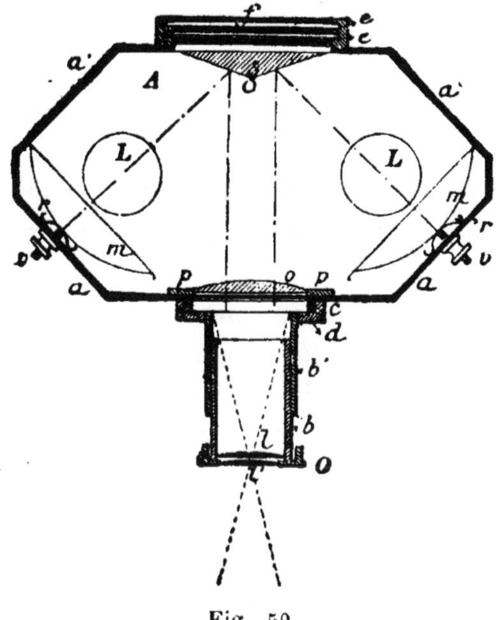

Fig. 59.

La coulisse *c* reçoit les tableaux dont l'image est projetée par la lentille *l*.

XVI

BOITE A LUMIÈRE POUR THÉATRE

Depuis quelques années, les théâtres ont adopté la lumière oxhydrique pour les effets scéniques. On s'en sert pour éclairer les apothéoses, les apparitions ou un objet quelconque devant frapper les yeux du public.

Bien que ces effets ne soient pas obtenus par une projection d'image, les appareils qui les produisent ayant quelque analogie avec ceux que l'on emploie pour les projections, nous croyons devoir les mentionner.

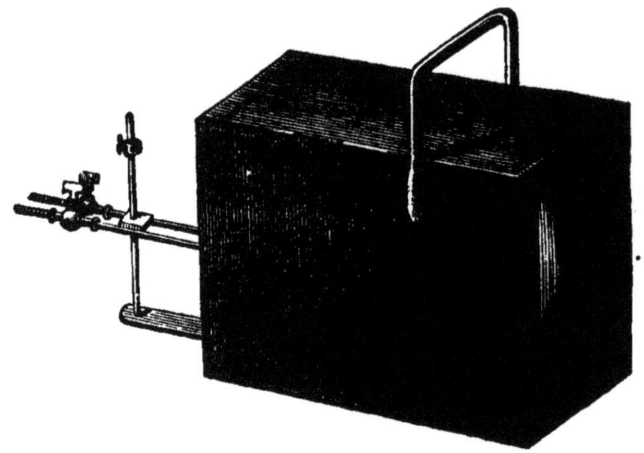

Fig. 60.

L'appareil, appelé *boîte à lumière*, est représenté dans la fig. 60. Il se compose d'une simple boîte en métal, portant à l'une de ses extrémités une forte lentille, derrière laquelle est monté à coulisse un chalumeau pouvant recevoir le gaz d'éclairage et l'oxygène.

Suivant que le chalumeau est plus ou moins rapproché de la lentille, l'appareil projette un faisceau lumineux parallèle ou divergent, éclairant à distance un espace plus ou moins grand.

La manœuvre du chalumeau et le mode d'emploi des gaz sont les mêmes que pour les appareils de projection.

La boîte porte, en avant de la lentille, une rainure, dans laquelle on glisse, à volonté, des verres bleus, rouges, jaunes, verts, etc., pour colorer les faisceaux lumineux suivant les effets à produire.

Sur les grandes scènes, on emploie un plus ou moins grand nombre de ces boîtes, qui servent aussi dans les jardins pour éclairer des jets d'eau, des cascades, des statues, etc. Leur application peut s'étendre à l'infini.

VII

SPECTRES

Ayant parlé dans le chapitre précédent d'une application de la lumière oxhydrique au théâtre, nous sommes amenés, avant de terminer ce qui a rapport aux appareils, à décrire la manière de les employer pour obtenir l'effet si curieux des spectres, que l'on a reproduit à différentes époques sur plusieurs scènes.

Dans la figure 61, que nous devons à M. Ganot, on trouve exposée d'une manière très claire l'une des dispositions que l'on suit généralement pour arriver à ce résultat.

Sous la scène se trouvent placés, de façon à être cachés aux yeux du public, l'appareil éclairant, disposé vis à vis de l'acteur chargé de représenter le fantôme, et cet acteur lui-même. On réfléchit l'acteur-fantôme sur une glace étamée, qui renvoie cette image, au travers d'une ouverture pratiquée dans le plancher de la scène, sur une autre glace, disposée à cet effet sur cette même scène. Cette second glace la réfléchit à son tour vers les spectateurs, mais encore faut-il que cette glace ne soit pas étamée, afin d'être transparente. Cette transparence permet de distinguer en même temps les autres objets qui se trouvent placés derrière, de manière que l'on peut combiner

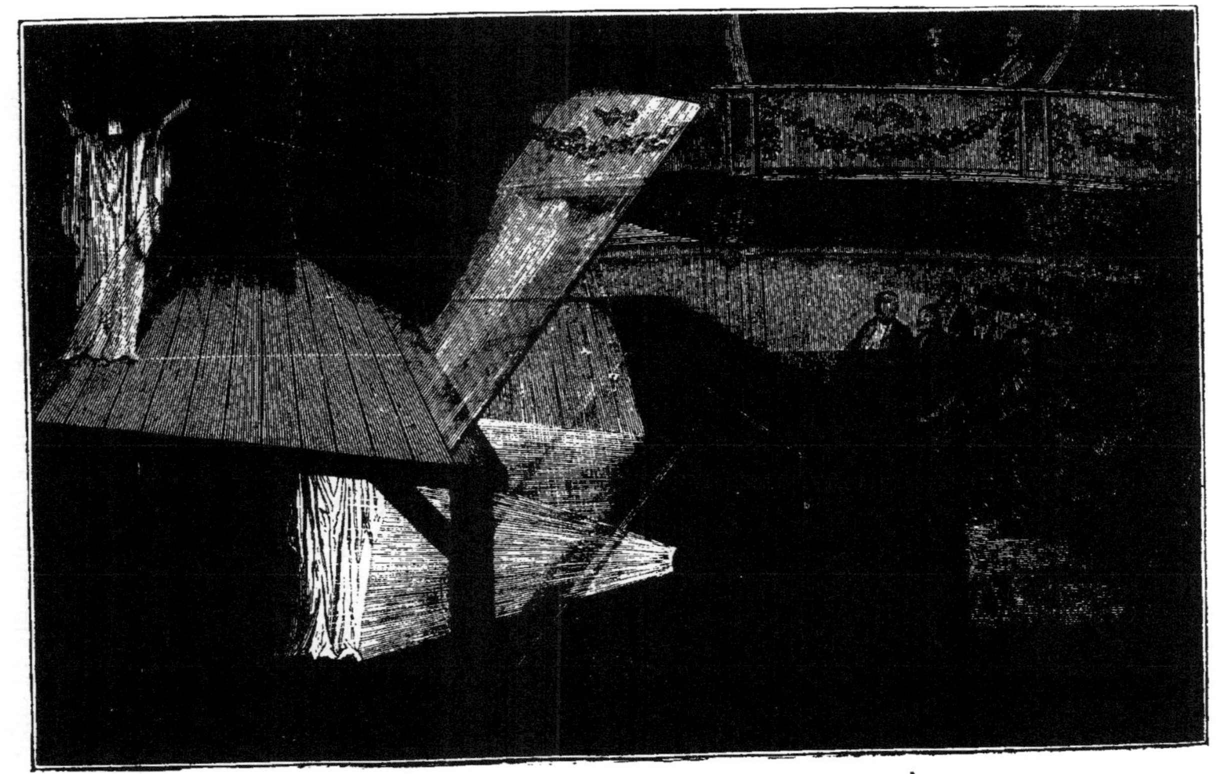

Fig. 61.

des jeux de scène à l'infini. Il faut, bien entendu, dissimuler les bords de la glace transparente au milieu de décors et d'accessoires, tels que des simulacres de roches ou d'arbres. De cette façon, sa présence ne peut être soupçonnée du spectateur, qui croit voir alors dans le fond de la scène le fantôme lui-même.

Il est nécessaire que l'inclinaison des glaces soit réglée d'une certaine manière, que l'on détermine d'après les dimensions et la configuration de la salle. Le point important, pour produire toute l'illusion voulue, est de dissimuler avec le plus grand soin la glace transparente et de faire en sorte qu'on ne voie rien de ce qui se passe sous le plancher. Mais il est sous entendu que, pendant qu'on produit cet effets, la salle et la scène doivent être plongées dans une demi obscurité, afin que l'image du fantôme se détache d'une façon plus lumineuse.

On ne se sert pas toujours de deux glaces pour obtenir ces effets sur certaines scènes. On peut supprimer la glace étamée. L'acteur est alors placé directement au-dessous de l'ouverture ménagée dans le plancher, et l'appareil éclairant est disposé précisément à l'endroit qu'occupe l'acteur dans la figure 61.

RENSEIGNEMENTS COMPLÉMENTAIRES

SUR L'EMPLOI DES APPAREILS

I

DISPOSITION DE L'APPAREIL. — ÉCRAN.

Quels que soient les modèles et la forme d'appareil simple que l'on choisisse : lanterne magique, appareil de projection proprement dit ou appareil à projection multiple, les règles suivantes, toujours les mêmes, doivent être observées pour leur installation.

1° Il faut bien essuyer les lentilles, avec une peau de chamois, ou un chiffon doux, ne peluchant pas.

2° Il faut essuyer également les tableaux.

3° Par un temps froid, surtout s'il y a de l'humidité, il est bon de chauffer légèrement à l'avance les lentilles et les tableaux, afin d'éviter les condensations de vapeur, qui, se produisant sur le verre, se traduiraient sur l'écran par une tache sombre, placée généralement au centre de la vue.

4° Il y a lieu de disposer l'appareil sur une table ou sur un support spécial, assez élevé pour que le centre des lentilles se trouve à la même hauteur que le milieu de l'écran. Si cette condition ne peut être remplie, on inclinera l'appareil, mais dans une mesure fort restreinte, car la vue se déforme de plus en plus, au fur et à mesure que l'inclinaison augmente.

5° On doit installer la source lumineuse au foyer des lentilles, comme il est expliqué page 72.

6° Il importe de régler l'éclairage à son maximum ainsi qu'il a été dit.

Occupons-nous maintenant de la disposition de l'écran.

Il y a deux manières de faire des projections : directement ou par transparence.

Dans le cas de l'emploi de la simple lanterne magique, la projection se fait directement, comme dans la fig. 62, sur la première surface blanche venue. Comme il ne s'agit, dans ce cas, que d'obtenir une image très réduite, on tend sur le mur un drap, ou une grande feuille de papier blanc. La lanterne, posée d'aplomb sur une table, est placée bien en face de l'écran, à une distance de 1^m, 50 ou de deux mètres.

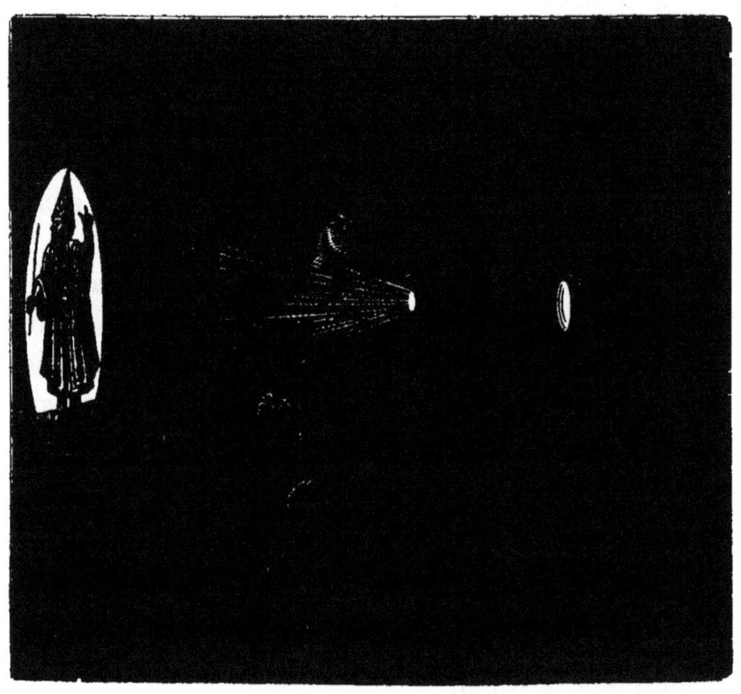

Fig. 62 (Extraite de la *Physique de Ganot*).

Pour les petites représentations de famille, comme on ne fait pas d'installation spéciale de l'écran, le plus commode est de prendre un morceau de calicot de 1^{m}, 50 carré. On le fixe sur deux bâtons ronds, ce qui permet, après la séance, de le rouler comme une carte de géographie et de le ranger facilement.

Fig. 63.

Dans une salle où on doit faire habituellement des projections, l'installation ne peut être aussi primitive. Si le mur qui fait face à l'appareil n'a pas d'autre destination, on peut l'utiliser comme écran. Pour cela, il faut que sa surface soit parfaitement unie, peinte en blanc mat, et lorsque, la place de l'appareil étant bien déterminée, on connaît la grandeur des images projetées, il est bon de peindre le mur en noir tout autour, de façon à encadrer et à faire ressortir les images avec plus de vivacité.

La fig. 63 montre l'encadrement à établir pour les vues de formes carrée, autant que cela est possible. Les autres murs et, si c'est réalisable, le plafond lui-même doivent être sombres, afin d'éviter tout reflet, ce qui nuit toujours.

Dans le cas où on ne pourrait utiliser le mur pour recevoir les projections, il faudrait avoir un écran monté comme un store, sur un rouleau, afin de pouvoir l'élever et l'abaisser à volonté.

Cette disposition ne fonctionne bien que pour des toiles ne dépassant pas 2^m, 50 ; mais, pour des écrans de 3, 4 et 5 mètres, le système du rouleau doit être modifié.

Au lieu que, comme dans le store le rouleau se trouve en haut, la partie supérieure de l'étoffe doit être clouée, sur une traverse fixée elle-même à demeure au plafond. Le bas de la toile est adapté à un gros rouleau, terminé à chaque extrémité par une poulie assez large. Sur chacune de ces poulies s'enroule une corde qui remonte au plafond et passe sur d'autres poulies de renvoi, de façon à ramener les deux cordes côte à côte le long du mur de la pièce.

En tirant les deux cordes simultanément, on fait tourner le rouleau sur lui-même et on le remonte jusqu'au plafond, la toile s'enroulant pendant son ascension.

L'écran mobile, ainsi disposé, n'est pas fait pour montrer les images par transparence. Il peut donc être peint en blanc ou recouvert de papier collé, dans le cas où l'étoffe n'a pas, par elle-même, toute la blancheur nécessaire. Il est également bon de l'encadrer de noir comme il vient déjà d'être dit.

C'est la projection directe que l'on emploie dans les salles de cours ou de conférences, où l'effet à produire doit être plutôt scientifique que théâtral. Mais alors l'appareil se trouve placé au milieu de l'auditoire. Il fait, dans ce cas, en quelque sorte, partie du bagage scientifique de l'enseignement, et cette disposition permet d'utiliser tout l'emplacement disponible pour le public, tandis que, lorsqu'on opère par transparence, l'espace réservé aux appareils et à l'expérimentateur, ne peut être occupé par personne autre. La salle se trouve alors rétrécie d'autant.

Mais il faut observer que, lorsque l'espace le permet, et qu'on a l'intention de produire une certaine illusion sur les spectateurs, il est opportun d'opérer par transparence. Comme nous l'avons dit, les effets fantasmagoriques ne peuvent pas se produire autrement.

La projection par transparence doit être également préférée par le polyorama. La vue de l'appareil et de ses diverses manœuvres distrait le public; en outre, cela lui enlève toute illusion, puisqu'il est initié du même coup aux procédés employés pour produire un effet déterminé.

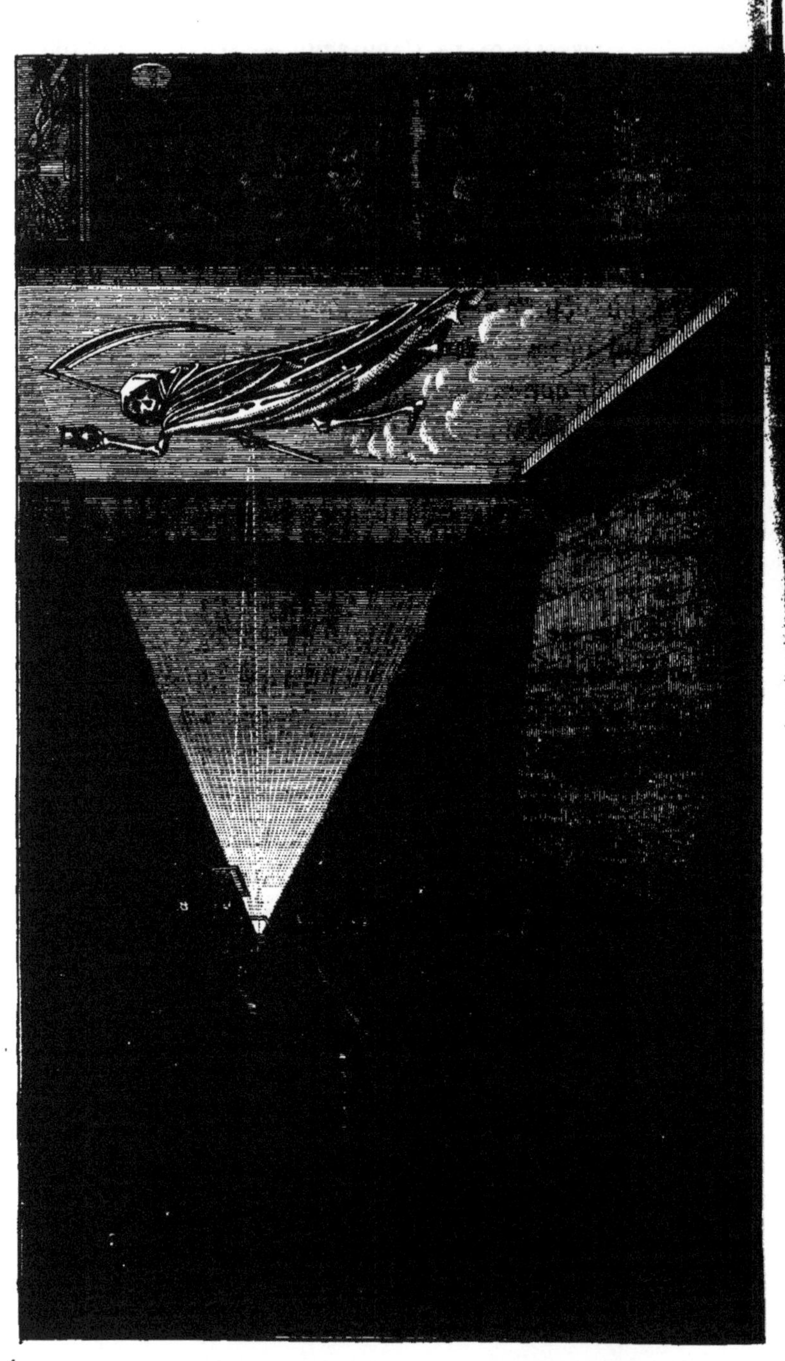

Fig. 61 (Extraite de la *Physique* de *Ganot*).

Pour opérer par transparence, l'appareil et l'écran doivent être disposés comme il est représenté dans la fig. 64.

L'écran est placé entre le public et l'appareil. On réserve, pour ce dernier, un espace de 4, 5, 6 ou 10 mètres, suivant la grandeur des vues que l'on veut obtenir. Il est donc de toute nécessité que la pièce ait une étendue suffisante, ou que l'on puisse disposer de deux pièces contiguës communiquant par une grande baie, sur laquelle l'écran est tendu.

L'endroit qui convient le mieux pour opérer par transparence, est une salle de théâtre, dont la scène est assez profonde. Là, en effet, le public est, en général, placé, par rapport à l'écran, à la distance et à la hauteur voulues. De plus, l'agencement habituel de la scène d'un théâtre permet de l'encadrer facilement avec des décors, ce qui ajoute à l'effet produit ; car il ne faut pas oublier que le succès d'une séance de ce genre est d'autant plus grand, que l'opérateur sait mieux utiliser et installer les différents éléments dont il dispose.

Pour la confection de l'écran transparent, on emploie du calicot plus ou moins large. La plus grande largeur que l'on puisse obtenir sans couture est de 3 mètres. Au delà, il faut nécessairement réunir deux ou trois largeurs d'étoffe, dont les lisières sont assemblées en surjet, afin de ne pas former de bourrelet. Malgré cette précaution, l'assemblage s'aperçoit toujours par transparence. Aussi doit-on choisir la disposition la moins défavorable.

Il faut éviter, avant tout, de pratiquer une couture précisément an centre de la toile. Par exemple, si l'on se trouve avoir à installer un écran de 6 mètres, au lieu de prendre, pour cela, deux largeurs de trois mètres, il sera préférable de le faire avec trois largeurs de deux mètres, en disposant les coutures verticalement ; sans cela, avec une disposition horizontale, on apercevrait toujours une couture dans la partie supérieure de la vue, là où se trouve le ciel.

Les largeurs d'étoffe étant assemblées, on renforce le bord de la toile, sur les quatre côtés, avec un ruban de fil cousu tout autour. On fait bien aussi de renforcer également les quatre encoignures avec des morceaux d'étoffe.

On pose ensuite tout autour des œillets métalliques, d'environ 5 millimètres de diamètre, espacés de 25 centimètres. Ceux des quatre coins doivent être beaucoup plus gros et avoir 15 millimètres.

Pour tendre la toile, on prend deux bâtons ronds, assez forts pour ne pas fléchir et dépassant la toile de 25 cent. à droite et à gauche ; puis, à chaque extrémité, on fixe un fort piton.

Passant maintenant une corde dans les quatre œillets, qui se trouvent aux quatre coins de la toile, on les attache, en les tendant assez fortement, aux pitons des bâtons ; puis on relie la toile aux bâtons sur toute sa largeur, à l'aide d'une corde plus petite, passant alternativement dans les œillets et autour du bois.

La toile se trouve ainsi bien tendue et d'une manière d'autant plus égale, qu'on a la ressource de pouvoir raidir à volonté les cordes d'un côté ou de l'autre et de faire disparaître les plis qui pourraient s'être formés. On n'a pas cette ressource, lorsqu'elle est clouée à demeure.

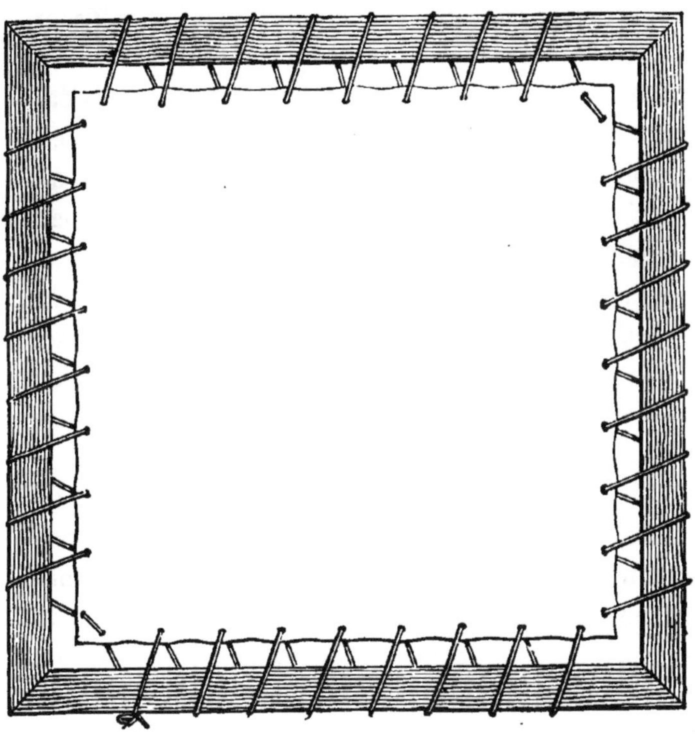

Fig. 65.

L'avantage de pouvoir lacer ainsi la toile est de permettre de l'enlever, quand on veut, de dessus les bâtons, une fois la séance terminée, soit qu'on désire la faire blanchir ou la ranger.

Si les projections se font toujours dans le même endroit, on peut installer la toile à poste fixe, sauf à la rouler, comme il a été dit plus haut, à propos des projections directes.

Les deux rouleaux indépendants, très commodes lorsqu'on doit démonter complètement la toile après la séance, ne sont pas cependant tout à fait suffisants pour la tendre d'une manière irréprochable. L'installation sur un cadre, comme dans la fig. 65, est préférable. Seulement, il faut remarquer que le dessinateur a oublié d'y faire figurer les œillets des 4 coins, qui sont indispensables, puisque ce sont eux qui permettent de commencer la tension de la toile.

A l'aide des œillets et d'une petite corde faisant lacet tout autour, on tend la toile sur son cadre comme une étoffe sur un métier à broder. La toile une fois tendue comme il vient d'être dit, on dispose d'une surface parfaite pour recevoir les projections.

Si l'on projetait l'image sur un écran fait avec du calicot, tel qu'on le trouve dans le commerce, non seulement l'écran ne serait pas assez transparent, mais on distinguerait, au travers des interstices du tissu, le point lumineux de l'appareil, ce qui est toujours très nuisible, sous le rapport de la perfection des vues, et, de plus, très fatigant pour les yeux des spectateurs.

Le moyen de remédier à cet inconvénient est très simple, puisqu'il suffit d'enduire l'écran de matières qui le rendent transparent ; mais il ne faudrait pas, à cet égard, tomber dans un excès opposé, car une transparence excessive a le défaut de rendre sensible à l'œil la direction de l'appareil. La transparence doit être telle, que l'image projetée sur l'écran paraisse éclairée d'une manière uniforme sur toute sa surface.

La première fois que l'on projette des images par transparence, on est généralement étonné de la différence d'intensité que présente l'image vue d'un côté ou de l'autre de l'écran.

En effet, si l'on projette une image sur une toile non préparée, on remarque que l'image est beaucoup plus intense sur le côté qui fait face à l'appareil que celui que regardent les spectateurs. Lorsque l'écran est trop transparent, c'est le contraire qui a lieu. Il y donc un juste milieu à atteindre. Théoriquement, ce juste milieu est le moment précis où l'image se présente avec une même intensité, sur les deux faces de l'écran. Cependant on peut dépasser un peu cette limite et donner un léger excès de transparence, de manière que ce soit du côté des spectateurs que la projection de l'image ait le plus d'intensité.

Il existe différentes manières de préparer le calicot, pour lui donner la transparence nécessaire.

Si l'écran reste constamment tendu à demeure sur un cadre, on peut, à l'aide d'un large pinceau, l'enduire d'une couche de vernis copal. Lorsque, la première couche étant sèche, la transparence n'est pas jugée suffisante, on étend une autre couche sur l'autre face de la toile. Cette seconde couche suffit généralement, car, à la troisième, on obtient trop de transparence.

Le vernis copal bien blanc donne de bons résultats,

mais il ne permet plus de rouler et encore moins de plier la toile.

Si l'écran doit être roulé, on peut l'enduire de gélatine, que l'on a mise à tremper dans l'eau froide pendant quelques heures ; on la fait ensuite fondre à une douce chaleur, et on l'applique, encore chaude, au moyen d'un pinceau ou d'une éponge. Le seul avantage de la gélatine est de ne pas coller quand on roule la toile. Du reste, elle ne donne pas assez de transparence, et il est préférable d'enduire l'étoffe de cire, en procédant de la manière suivante :

On fait dissoudre sur un feu doux, ou plutôt au bain-marie, dans 500 grammes d'essence de térébenthine distillée, environ 180 grammes de cire vierge et 50 grammes de blanc de baleine.

Cette dernière substance sert à obtenir plus de blancheur. Le tout une fois fondu, on l'applique à chaud avec un pinceau plat sur la toile, préalablement tendue avec soin sur un cadre.

Par un temps froid, comme la préparation se fige très vite, on réduit la dose de cire et l'on donne deux couches à la toile.

Sur la toile ainsi préparée, on obtient encore une image trop lumineuse, du côté faisant face à l'appareil. Pour achever de lui donner la transparence nécessaire, il faut promener, devant toute la surface de la toile, et cela à une petite distance, un fer chaud, de manière à faire fondre la cire, qui pénètre alors le tissu et le rend translucide.

Ce mode de préparation donne de bons résultats ;

mais, à la longue, l'écran jaunit, et il n'est pas facile de le débarrasser de l'ancienne substance pour qu'on puisse en étendre une nouvelle.

De toutes les manières de rendre l'écran transparent, la plus pratique, celle qui permet de le plier et de le faire nettoyer, lorsque c'est nécessaire, consiste simplement à le mouiller.

Si nous avons indiqué les autres moyens, c'est qu'il y a des cas où l'eau ne peut être employée, soit que l'on ne veuille pas s'astreindre chaque fois à un nouveau mouillage, soit que l'endroit où l'on opère ne le permette point. Du reste, c'est seulement pour les écrans de petite dimension que l'on a recours à ces préparations.

Pour les toiles de 3 mètres et au-dessus, le mouillage est préférable, car on obtient ainsi une transparence satisfaisante, et la seule précaution à prendre est de bien laisser sécher l'étoffe avant la plier.

La toile étant en place bien tendue, si l'on peut en atteindre la partie supérieure, on doit la mouiller avec un fort pinceau ou une grosse éponge.

Si elle est trop élevée pour que cette opération puisse être effectuée à la main, on fait usage d'une petite pompe de jardin. L'important est de mouiller la toile complètement, de façon que l'eau ruisselle à sa surface, car il ne suffit pas qu'elle soit seulement humectée. On ne peut procéder à cette opération que dans des endroits ne pouvant être abîmés par l'eau, car il s'en répand nécessairement.

Si la séance doit se prolonger et que l'on ait à faire

les projections dans une atmosphère chaude, la toile sèche assez rapidement ; il faut donc se ménager une interruption au milieu de la séance, afin d'avoir la facilité de mouiller une seconde fois.

Si cela est impossible, on fait bien d'ajouter à l'eau, répandue sur la toile au début, 10 à 15 pour cent de glycérine. Cette subtance a pour effet d'augmenter la transparence et de conserver l'humidité de la toile pendant un temps beaucoup plus long.

En conseillant d'employer l'eau purement et simplement, nous supposons que la toile est neuve et qu'elle a encore conservé l'apprêt qu'elle reçoit en fabrique. Mais, lorsqu'elle a été souvent mouillée et surtout lorsqu'elle a été blanchie, l'apprêt, qui bouchait les intervalles existant entre les fils de l'étoffe, s'est en allé, et l'eau seule ne suffirait pas à faire disparaître ces interstices. Il faut, dans ce cas, ajouter à l'eau de l'amidon et un peu de gomme arabique et en enduire l'écran, qui fonctionne alors comme s'il était neuf.

Dans certains cas, pour des projections de petite dimension, on emploie une glace dépolie ; on obtient alors beaucoup plus de finesse ; mais, avant de faire dépolir une glace, qui coûte quelquefois un prix élevé, il faut essayer sur un carreau ordinaire quel est le degré de dépoli auquel on doit s'arrêter.

En atteignant un dépoli trop fin, la transparence pourrait être trop grande, et le point lumineux de l'appareil se verrait, au travers de ce verre dépoli, comme nous l'avons expliqué plus haut. Il faut éviter cela à tout prix.

11

OUTILS ET ACCESSOIRES

Si l'on est appelé à faire souvent des projections, il est bon de rassembler dans une boîte certains petits outils, dont l'absence pourrait embarrasser.

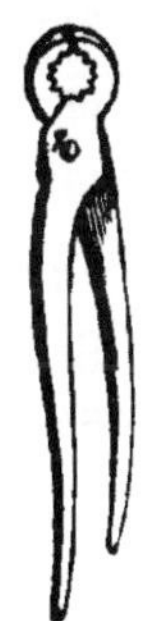
Fig. 66.

Il faut mentionner, en première ligne, une pince de gazier (fig. 66), qui sert à démonter les becs, à la place desquels on veut visser le robinet B (fig. 67).

Sur ce robinet se montent les pièces C ou D destinées à recevoir le tuyau de caoutchouc. On emploie l'une ou l'autre, suivant que la direction à donner au tuyau est montante ou descendante. On peut aussi se servir d'une troisième pièce à angle droit, quand la direction à donner est horizontale.

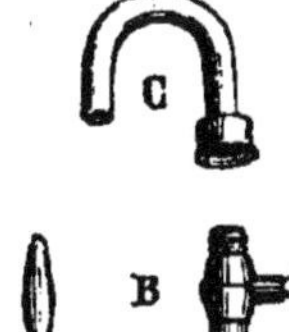

Fig. 67.

Le robinet B étant à pas de vis intérieur, il faut avoir sous la main un raccord A, pour le cas où le pas de vis, sur lequel il doit être fixé, ne serait pas en saillie.

Les tuyaux de caoutchouc, que l'on trouve dans le commerce, sont généralement disposés par longueurs de 10 mètres. Si l'on ne sait pas à l'avance à quelle distance on sera obligé d'aller chercher le gaz d'éclairage, il est prudent de se munir de plusieurs longueurs de caoutchouc et d'avoir avec soi des bouts de tubes de cuivre pour les réunir, en prenant soin qu'ils adhèrent un peu fortement à l'intérieur du caoutchouc, afin d'éviter toute fuite. Pour plus de précaution, on rend l'ajustement plus sûr en attachant, avec une ficelle serrée et nouée, chaque raccord.

La pose du tuyau de caoutchouc, qui doit relier la source de gaz à l'appareil, se fait très sommairement. On l'établit le long du mur sur des clous plantés de distance en distance. Mais, comme il serait exposé à s'aplatir, surtout dans les coudes, il est préférable d'avoir des supports-anneaux (fig. 68) pour le maintenir, quand il est disposé en ligne droite, et des supports arrondis (fig. 69), également en métal, pour les parties du tube que l'on voudrait faire changer de direction.

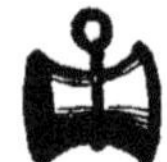
Fig. 68.

Fig. 69.

Si le sac d'oxygène peut se placer auprès de l'appareil, un simple tuyau de deux ou trois mètres est nécessaire : mais, dans quelques circonstances, on est obligé de le reléguer un peu plus loin pour ne pas gêner le public.

On dispose alors le tuyau de caoutchouc avec les mêmes précautions que ci-dessus.

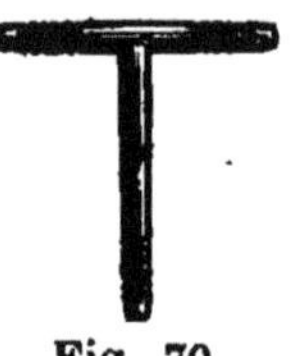
Fig. 70.

Parmi les objets à emporter, on doit mentionner également une ou deux *bifurcations* en métal (fig. 70), pour le cas où le gaz n'arrivant pas en abondance suffisante, on serait obligé de le faire venir de deux endroits différents et de réunir les deux prises de gaz sur le tuyau amenant celui-ci à l'appareil. Dans d'autres circonstances, au contraire, les bifurcations peuvent servir à diriger le gaz, venant d'une même prise, sur deux appareils différents.

Enfin, il est encore quelquefois bon d'avoir à sa portée des outils usuels, tels que marteau, tourne-vis, etc., avec des clous, des pitons, des vrilles, des poinçons, des pinces, etc., etc. On peut en avoir besoin et on évite ainsi d'être retardé dans l'installation de l'appareil.

Tout est à prévoir, lorsqu'on opère hors de chez soi; il ne faut même pas oublier d'emporter des allumettes. Il est bon d'en avoir en permanence auprès de l'appareil, pour le cas où une extinction accidentelle viendrait à se produire.

DES TABLEAUX

I

PROCÉDÉS POUR LES CONFECTIONNER

De tous les moyens de se procurer des tableaux sur verre pour projections, le plus parfait est sans contredit la photographie.

Nous ne voulons pas décrire ici les procédés photographiques à suivre; cela ne servirait à rien, car, si l'on n'a jamais opéré, ce n'est pas en quelques lignes qu'on peut être mis au courant des divers détails. Les personnes qui voudraient confectionner elles-mêmes leurs tableaux doivent étudier les traités spéciaux ou, ce qui est préférable, prendre des leçons auprès d'un photographe habitué à tirer des épreuves de cette espèce. Nous nous mettons, à cet égard, à la disposition de tous ceux qui voudront bien s'adresser à nous pour avoir des renseignements. Il existe d'autres moyens de préparer soi-même des tableaux pour projections, mais ils demandent plus ou moins de patience et une certaine habileté de main, surtout si l'on veut avoir des tableaux en couleur. Pour tracer de simples dessins au trait, on applique le morceau de verre transparent sur la figure à reproduire, que l'on calque à l'aide d'un pinceau fin, chargé de couleur noire, ou bien au moyen d'une plume fine trempée dans de l'encre de Chine un peu épaisse. Pour que le trait se fixe facilement à la surface du verre, on doit auparavant le nettoyer parfaitement au blanc d'Espagne.

Au lieu d'employer du verre ordinaire, on peut, à l'aide d'un crayon dur, calquer sur du verre dépoli d'un grain très fin. Une fois le dessin terminé, on vernit la surface dépolie, qui devient transparente.

Si la gravure est de grandeur convenable et qu'on veuille la sacrifier, on peut la reporter sur le verre en procédant de la façon suivante :

Le verre étant bien propre, on coule à sa surface une couche de vernis à l'essence, qu'on laisse sécher. Trempant la gravure dans de l'alcool, puis la faisant sécher imparfaitement entre deux feuilles de papier buvard, on la pose tout humide sur la couche de vernis, contre laquelle on la presse bien en tous sens, de façon à chasser l'air, qui pourrait se trouve interposé entre le papier et le vernis, et à les appliquer l'un contre l'autre aussi intimement que possible; puis, le lendemain, on mouille le papier et on frotte avec le doigt; on l'enlève presque complétement, de manière qu'il n'en reste plus qu'une pellicule extrêmement mince, qu'il faut ménager, attendu qu'on abîmerait la gravure ; enfin, pour achever de donner au tableau la transparence voulue, on verse dessus une certaine quantité de vernis à l'esprit de vin ; on le répand sur toute la surface du papier, puis on égoutte avec soin.

Si l'on veut confectionner des tableaux en couleur ou colorier des tableaux déjà existants, des photographies, par exemple, il y a trois manières différentes de procéder. Le dessin étant tracé au trait, comme il est dit ci-dessus, on enduit la surface du verre, soit d'une couche de fiel de bœuf, soit d'une couche d'essence de térébenthine distillée ; on égoutte, puis on laisse sécher; sur cette couche, la couleur s'applique plus facilement que sur le verre même.

Le procédé le plus simple consiste à peindre avec des couleurs à l'eau, comme on fait dans l'aquarelle. Seulement, pour leur donner de la transparence, il faut passer une couche de vernis blanc à l'esprit de vin par dessus, et, cette couche une fois sèche, on applique de nouvelles couleurs que l'on vernit comme précédemment.

Les personnes, habituées à faire de la peinture à l'huile, préféreront se servir du procédé suivant.

On prend des couleurs en tube, comme on en emploie dans la peinture ordinaire ; on les broie sur une glace aussi finement que possible avec une molette de verre, en ajoutant petit à petit du vernis copal. On peut alors les utiliser de suite ou bien préparer à l'avance les séries de couleurs nécessaires qui, une fois délayées avec le vernis, sont renfermées dans de petites bouteilles, où on les laisse longuement reposer pour les employer ultérieurement comme couleurs transparentes, en ne se servant que de la partie supérieure de la couleur renfermée dans le flacon. Avant de broyer les couleurs avec le vernis, si elles sont un peu grasses quand on les retire de leurs tubes respectifs, on les dépose sur du papier buvard, destiné à absorber l'huile. La couleur ainsi dégraissée se mélange mieux avec le vernis.

On peut enfin, comme troisième mode de peinture, utiliser les vernis de couleur, que l'on trouve tout préparés dans le commerce, mais leur emploi, vu leur grande fluidité et leur évaporation rapide, présente quelques difficultés.

Tels sont les procédés employés par les peintres qui produisent habituellement ce genre de tableaux; on peut suivre exclusivement l'une ou l'autre de ces méthodes ou s'en servir concurremment. Mais il ne faut pas se dissimuler que, dans la pratique, on rencontre une foule de petites difficultés dont on ne triomphe qu'à force de patience et de temps. Une grande expérience peut seule, dans les travaux de ce genre, permettre d'éviter les écueils que l'on rencontre au début.

II

COLLECTIONS DE TABLEAUX

Les collections de tableaux, employées pour les projections, sont de différentes sortes. Les unes sont d'ordre purement récréatif; d'autres, d'ordre scientifique; d'autres encore tiennent le milieu entre ces deux catégories.

Sans donner ici la liste complète de tous les tableaux qui se font dans ce genre de différents côtés, nous pouvons citer les principaux types.

En première ligne, viennent les bandes peintes, qui accompagnent les lanternes magiques ordinaires. Ces peintures, assez communes, sont faites sur fond blanc ou sur fond noir comme celles que représentent les fig. 71, 72, 73, 74, et 75.

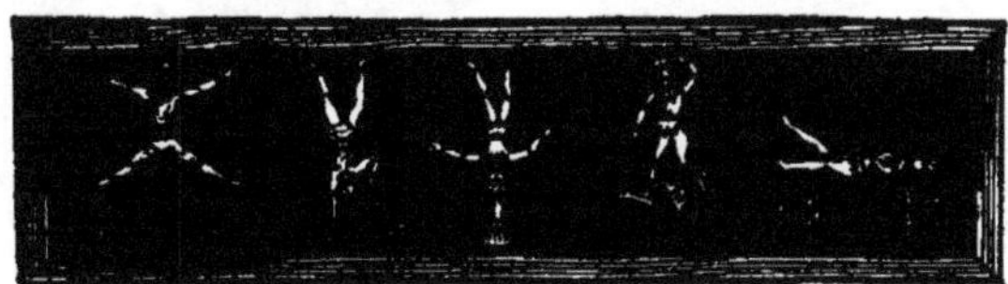

Fig. 71.

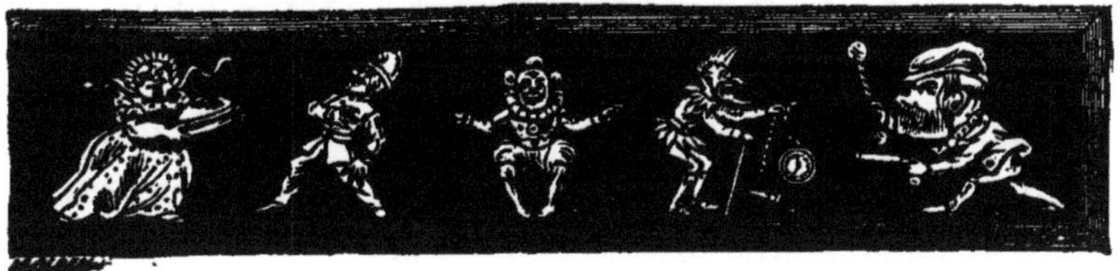

Fig. 72.

Le fond noir a l'avantage de faire mieux ressortir les couleurs qui, sans cela, pâlissent toujours, lorsque le fond est formé par l'écran blanc en pleine lumière. Ces collections de bandes sont très-nombreuses. On en trouve de toutes les tailles, reproduisant des scènes

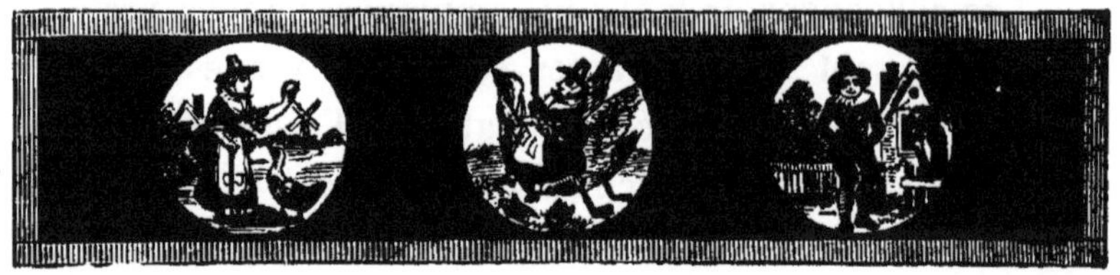

Fig. 73.

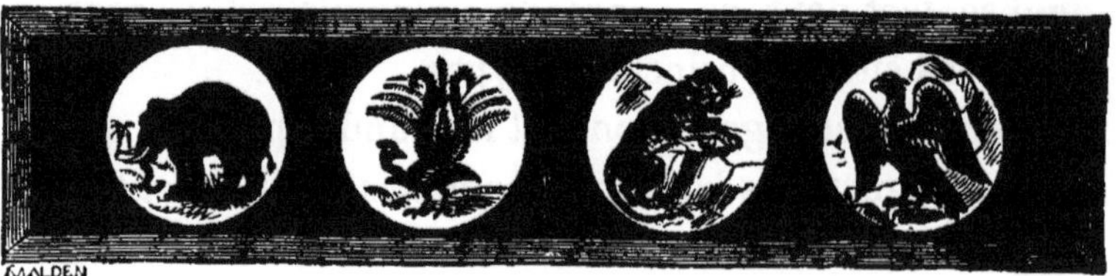

Fig. 74.

Fig. 75.

des contes de fées, des historiettes et des fables à l'usage des enfants. On trouve encore quelques sujets ayant une tendance plus sérieuse. Les titres de quelques-unes de ces séries donneront une idée de ce qui existe en ce genre dans le commerce.

Le Chat botté.	Rondes de jeunes filles.
Cendrillon.	Geneviève de Brabant.
Petit Poucet.	L'enfant prodigue.

Peau d'Ane.
Barbe-Bleue.
Cadet-Roussel.
Belle au bois dormant.
Riquet à la Houppe.
Belle et la bête.
Chaperon rouge.
Chatte blanche.
Oiseau bleu.
Gulliver.
Au clair de la lune.
Malborough.
Don Quichotte.
Guillaume Tell.
Cris de Paris.
Le roi Dagobert.
Histoire de France.
Histoire sainte.
Nouveau Testament.
Robinson.
Fables de la Fontaine.

La fig. 76 représente un genre de peinture plus soigné. Chaque sujet est monté dans un cadre spécial.

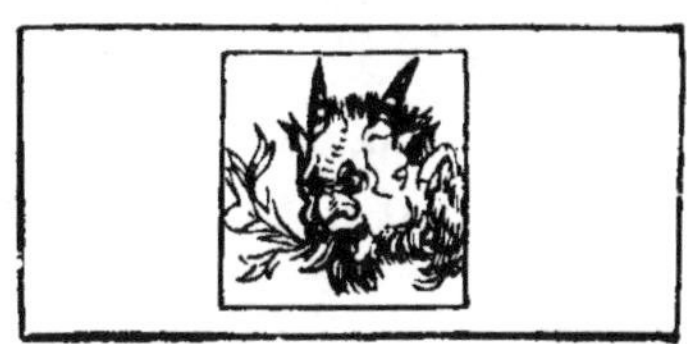

Fig. 76.

Lorsque, les enfants étant blasés sur les tableaux précédents, on cherche quelque chose de mieux, on arrive aux tableaux mouvants, dont les effets surprenants excitent la gaieté des enfants petits et grands. En voici quelques spécimens.

Turc portent sa tête à bras tendu (fig. 77).

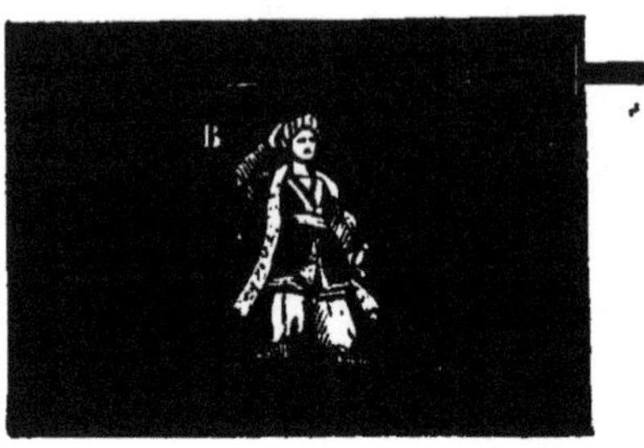

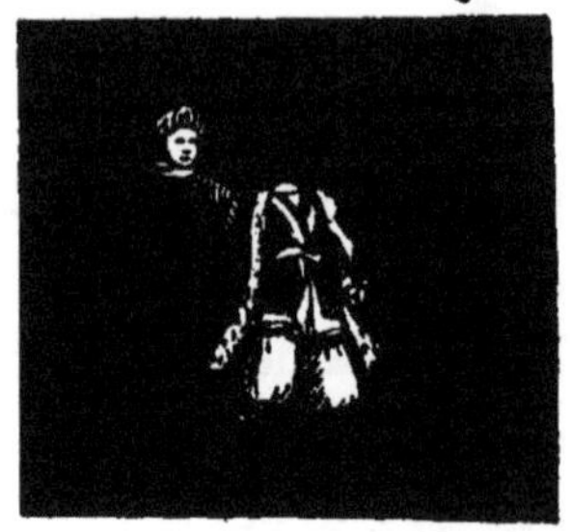

Fig. 77.

Arlequin gourmand s'apprêtant à goûter au contenu de la marmite. Un monstre en sort et Arlequin est dévoré.

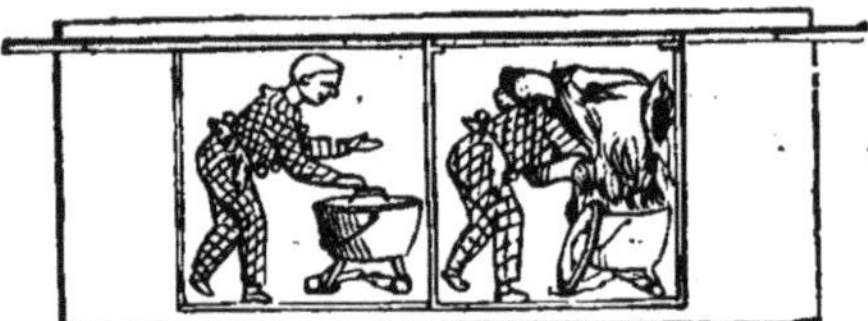

Fig. 78.

Singe plongeant un chat dans l'eau (fig. 79).

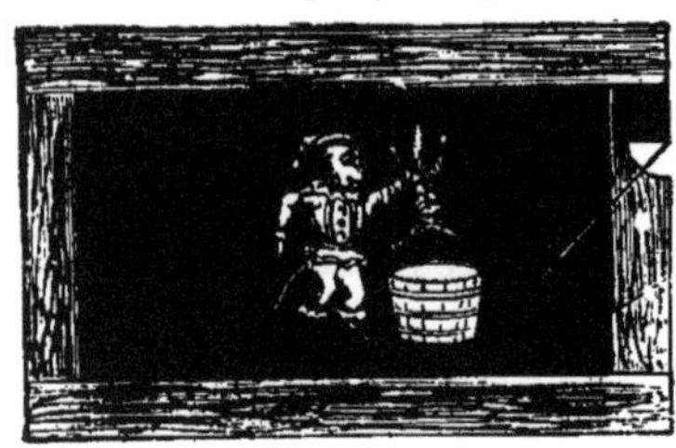

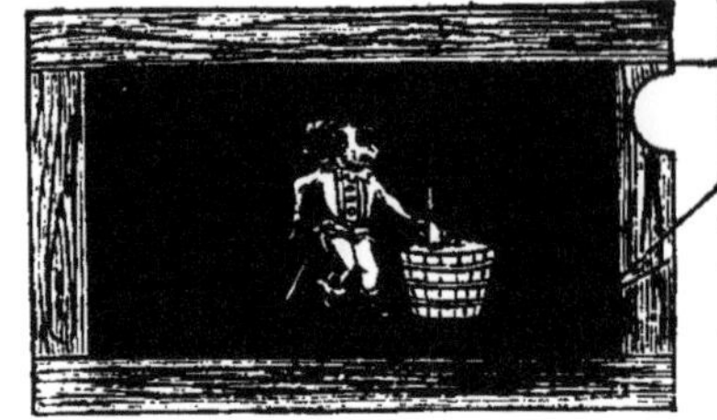

Fig. 79.

Magicien changeant plusieurs fois de tête (fig. 80).

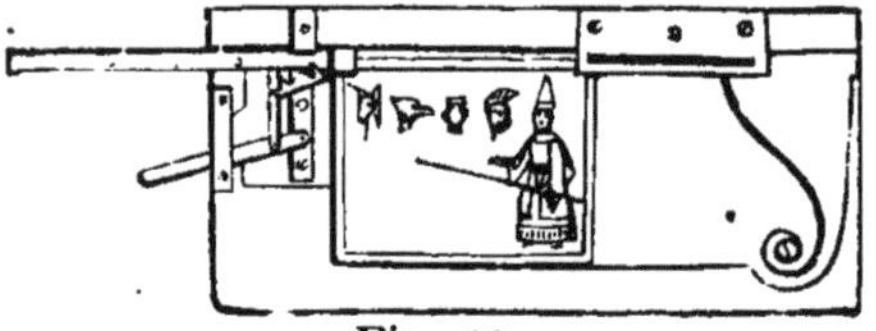

Fig. 80.

Ces différents changements sont obtenus très-simplement, en déplaçant une seconde bande de verre, sur laquelle est peint le changement à apporter au sujet principal, qui se trouve sur le verre fixe. Ce second dessin vient se superposer sur le premier de manière à le masquer.

Entre autres tableaux de ce genre, nous citerons les suivants, qui produisent les meilleurs effets :

Chinois jonglant avec sa tête.

Madame Polichinelle dont le nez s'allonge.

Correction maternelle : jeune garçon recevant le fouet.

Parapluie sautant au nez de son propriétaire.

Pierrot tombant dans la marmite.

Baigneur avalé par un crocodile.

Pigeons s'envolant du pâté.

Singe enlevant le bonnet de sa maîtresse.

Coup de vent décoiffant une dame.

Boudin sautant au nez du paysan.

Enfant voulant dénicher des oiseaux; la mère lui saute au nez.

Squelette sortant de son tombeau.

Gibier se moquant d'un chasseur endormi.

Pêcheur envoyé dans l'eau par un bœuf.

Cuisinier changeant de tête avec celle d'un veau.

Chat guettant un oiseau.

Meunier changeant de tête avec son âne.

Lutteurs.

Clown.

La tartine de Pierrot mangé par le diable.

Polichinelle apercevant Arlequin dans une bouteille.

Parmi les sujets amusants, on en trouve, dont le mécanisme est plus compliqué et dont le prix, par conséquent, s'élève d'autant.

Dans le nombre, nous remarquons les suivants :

Aquarium, avec poissons passant dans les deux sens.

Ruche, avec abeilles voltigeant autour.

Chien à la pipe.

Singe dansant pendant que le maître joue du violon.

Auriol sautant en trois temps par-dessus une chaise.

Deux toréadors attaquant un taureau.

Petite fille sautant à la corde et se retournant.

Chanteurs ambulants avec mouvements de la mâchoire et du bras tenant l'archet.

Les figures 81 et 82 représentent une vache à l'abreuvoir.

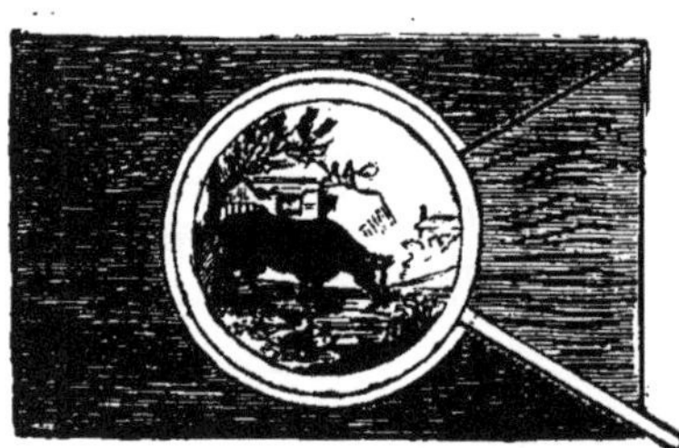

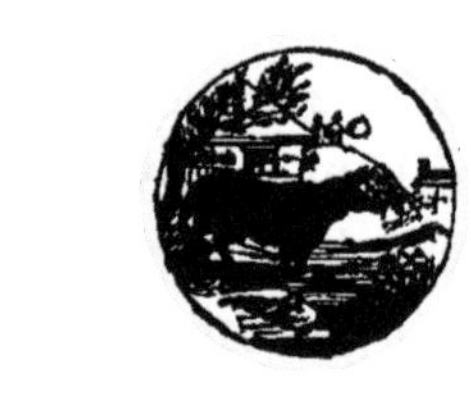

Fig. 81 et 82.

On anime également parfois les paysages.

Le moulin (fig. 83) est un de ceux qui sont le plus connus.

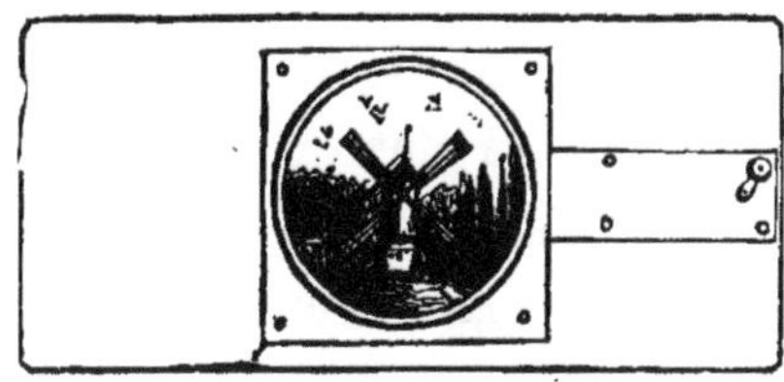

Fig. 83.

Il y a aussi des fontaines avec effet d'eau jaillissante, des cascades à simple ou double chute ; des incendies avec mouvement de flammes, des intérieurs d'églises ou de cloîtres avec processions ; des paysages avec bateaux, voitures, chemin de fer, etc., etc. Comme nous l'avons vu, c'est généralement à l'aide de l'appareil polyoramique que la vie et le mouvement sont communiqués aux tableaux. Comme exemple, nous avons déjà cité la vue du Vésuve (fig. 84).

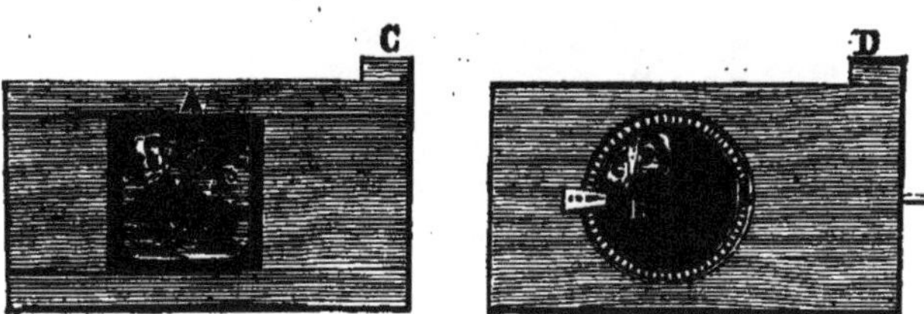

Fig. 84.

L'éruption est produite à l'aide de deux tableaux, dont les projections sont superposées sur l'écran. D'autres vues sont accompagnées de deux, trois ou quatre effets accessoires.

Un moulin à eau, par exemple, est vu en été avec mouvement de la roue qui tourne. Un cygne arrive au premier plan et plonge sa tête dans l'eau pour boire ; puis le tableau s'assombrit, des rayons lumineux apparaissent à la fenêtre d'un moulin, la lune se lève, et on aperçoit son reflet scintillant sur l'eau.

Le jour revient, la neige se met à tomber, et le tableau représente, en dernier lieu, une vue d'hiver couverte de neige.

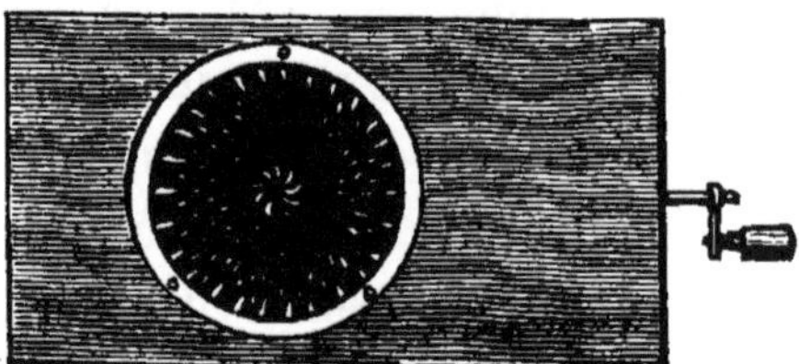

Fig. 85.

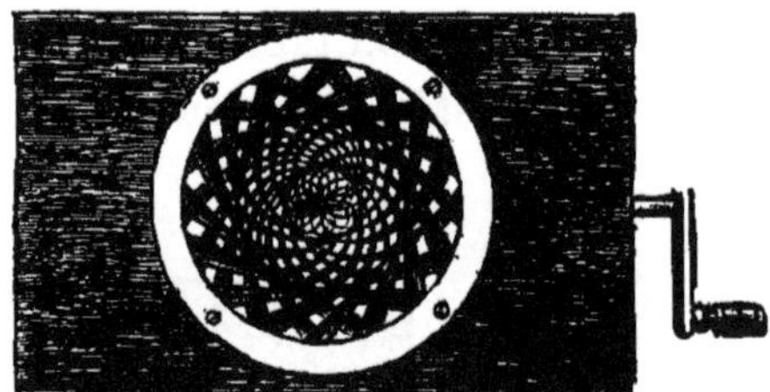

Fig. 86.

Une autre série très curieuse est celle du *navire en partance.* Le navire est vu à l'ancre ; une barque l'accoste pour amener les derniers passagers ; la lune se lève et brille sur la mer, pendant que la cheminée du steamer vomit de la fumée, qui s'élève en spirales, imitant parfaitement la réalité.

Citons encore dans ce genre, le *cimetière vu de nuit*, avec apparitions de lumière et de squelettes soulevant la pierre de leurs tombeaux.

Comme on le comprend sans peine, ce genre de tableaux peut s'étendre à l'infini, et, à moins de reproduire ici plusieurs de nos catalogues de vues, nous ne pouvons les énumérer tous.

Parmi les tableaux mécanisés, qui terminent généralement les séances, les *chromatropes ou rosaces lumineuses* (fig. 85 et 86) excitent au plus haut degré l'étonnement du public. Ces effets de couleurs, dont le dessin varie à chaque instant, semblent rentrer sur eux-mêmes pour ensuite jaillir en avant. Ils sont produits simplement par deux disques peints, tournant en sens opposé sous l'action d'un pignon, mû par la manivelle que l'on aperçoit à droite de la figure.

II

DE L'EMPLOI DES PHOTOGRAPHIES

Ce sont surtout les vues photographiées qui nous offrent la mine la plus riche où nous puissions puiser pour former une série de tableaux incomparables pour les projections. Aujourd'hui que des voyages nombreux ont augmenté les diverses collections, l'amateur a à sa disposition des milliers de vues, entre lesquelles il n'a que l'embarras du choix. Quel charme pour le touriste de revoir sur l'écran les endroits qu'il a visités dans le cours de ses voyages et de pouvoir parcourir de nouveau sans fatigue les lieux, souvent lointains, que les circonstances ne lui permettront plus de revoir autrement. Quel plaisir aussi de raconter à d'autres ce que l'on a vu, d'indiquer où l'on a été, en accompagnant le récit de la vue même des localités dont on parle.

Pour l'enseignement de la géographie, ces photographies sont un des plus utiles auxiliaires que puisse trouver le professeur, et, comme nous l'avons dit au commencement de ce travail, de quel précieux secours elles sont pour graver dans la mémoire des auditeurs les données générales de la science sur la flore, la faune, les monuments, les mœurs, les races des divers pays, que l'on a à étudier et qu'il importe de connaître à fond aujourd'hui plus que jamais.

Ces vues s'obtiennent maintenant au prix réduit de 1 franc 50. Le catalogue en est envoyé *franco* aux personnes qui nous en font la demande.

IV

TABLEAUX POUR L'ENSEIGNEMENT

Il existe des tableaux de projection pour presque toutes les branches de l'enseignement. Les uns sont munis de mécanismes qui servent à les animer, comme les tableaux d'astronomie, par exemple, dont la description se trouve à part à la fin de ce volume. D'autres enfin sont photographiés d'après des gravures d'ouvrages connus. La liste des titres des principales séries donnera un aperçu de ce que l'on peut se procurer :

Tableaux d'astronomie mécanisés ou non mécanisés. — Planètes et monde planétaire. La terre et le soleil. Lune. Soleil. Éclipses. Nébuleuses. Comètes. Étoiles simples et étoiles multiples. Instruments d'observation.

Physique. — Hydrostatique. Gaz. Acoustique. Chaleur. Lumière. Magnétisme. Électricité. Météorologie.

Mécanique. —

Géographie et voyages. — Amérique. Afrique. Asie. Océanie. Pôle nord. Afrique centrale. (Vues et cartes).

Ancien et nouveau testament. — Histoire sainte.

Histoire de France. — Vercingétorix. Attila. Charlemagne. Faits principaux jusqu'à la révolution de 1789.

Histoire naturelle et histoire du globe. — Zoologie. Anthropologie. Géologie. Minéralogie. Paléontologie. Accidents du sol. Phénomènes et curiosités de la nature.

Industrie et applications scientifiques diverses. — Chemins de fer, ballons, télégraphie, marine.

Portraits. Sujets historiques. Sujets de genre.

Chimie. —

Collections d'anatomie du docteur Fort.

Collections de la société de géographie de Paris.

(*Consulter les catalogues spéciaux de ces tableaux*).

V

EXPÉRIENCES DIVERSES DE PROJECTION

Les appareils de projection servent non seulement à projeter des tableaux peints ou des photographies sur verre, mais on les utilise encore dans les cours pour montrer en grand, sur l'écran, certaines expériences, que l'auditoire ne pourrait pas voir autrement, à cause de la petitesse des phénomènes ou des appareils employés.

Décrire toutes les expériences que l'on peut ainsi projeter nous entraînerait au delà des limites que nous nous sommes tracées.

Appelons cependant l'attention sur l'appareil que nous avons construit pour recomposer la lumière, sur les indications de M. l'abbé Lavaud de Lestrade.

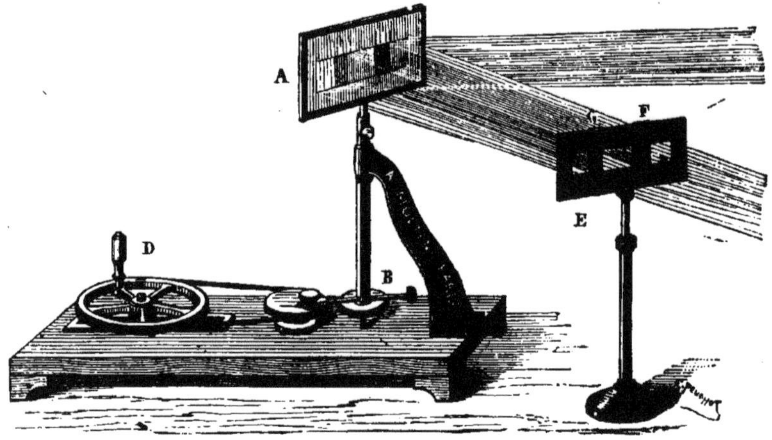

Fig. 87.

Sur un miroir A (fig. 87), auquel on peut communiquer à volonté un mouvement de rotation ou un mouvement d'oscillation, on reçoit un spectre solaire ou le spectre provenant d'un appareil de projection. Tant que le miroir reste immobile, le spectre se trouve réfléchi sur l'écran, sur lequel on voit les couleurs primitives. Pour opérer la recomposition de la lumière, il suffit de mettre le miroir en mouvement. Les couleurs du spectre, se superposant rapidementà chaque oscillation du miroir, se confondent, et la traînée lumineuse qui en résulte est complètement blanche. L'expérience réussit très bien avec la lumière solaire, ainsi qu'avec la lumière électrique ; mais la lumière oxhydrique donne un effet un peu faible.

En avant de l'appareil, on remarque une plaque E, portant une fente rectangulaire, par laquelle on fait passer le spectre avant qu'il ne se réfléchisse sur le miroir. On peut, à l'aide de petits écrans mobiles, tels que G et F, intercepter certaines parties du spectre, de façon à ne laisser passer que celles dont on veut étudier la combinaison. Le miroir étant mis en mouvement, on obtient une coloration, donnée par l'ensemble des couleurs qui n'ont pas été arrêtées au passage. En variant le nombre, la disposition et la dimension des petits écrans mobiles, on peut étudier les diverses teintes qui résultent des combinaisons variées des différentes couleurs du spectre les unes avec les autres.

FIN.

TABLE DES MATIÈRES

TABLE DES MATIÈRES

Renseignements complémentaires sur l'emploi des appareils.

Des tableaux.

INSTRUCTIONS

ACCOMPAGNANT LA

COLLECTION DE DIX TABLEAUX EN MOUVEMENT POUR L'ENSEIGNEMENT DE L'ASTRONOMIE

N° 1. — Sphéricité de la terre.

Si la terre était une vaste plaine plate et indéfinie, ainsi qu'on pourrait le croire de prime abord, un objet, tel que le navire qui s'éloigne des côtes, deviendrait de plus en plus petit à l'œil de l'observateur; mais sa grandeur apparente aurait beau diminuer par suite de l'éloignement, le navire se verrait toujours tout entier, et, au moment où il ne serait plus visible à l'œil, si on l'observait avec une longue-vue, on le distinguerait encore dans tous ses détails.

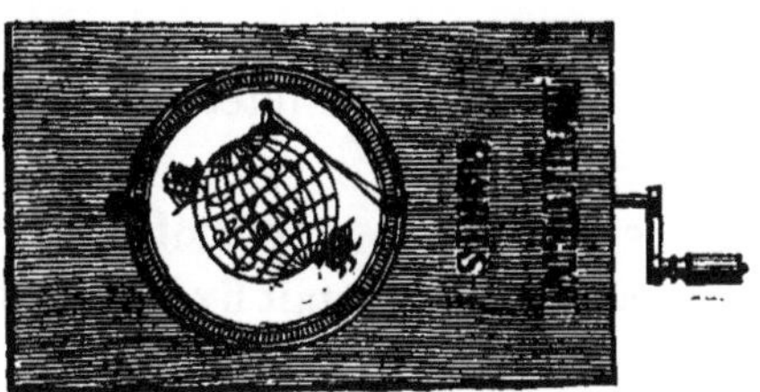

Fig. 88.

Mais il n'en est pas ainsi : la terre étant ronde, le phénomène se passe comme le représente le tableau. L'observateur étant placé sur une haute falaise lorsque le navire s'éloigne des côtes, une fois arrivé à l'horizon, la coque disparaît la première, puis le bas des mâts, les voiles, et, lorsqu'il est suffisamment éloigné, on n'aperçoit plus que le haut des mâts ; enfin tout disparaît.

Si, après avoir continué sa route, le navire revient vers l'observateur par un chemin opposé, il aura fait le tour complet du globe, et, à son arrivée, on commencera par entrevoir ses mâts les plus élevés, puis les voiles et, en dernier la coque.

En dehors des différents voyages autour du monde, diverses considérations conduisent à admettre que la terre est une sphère légèrement aplatie vers les pôles et renflée à l'équateur.

Son plus grand diamètre est de 12752 kilomètres, et son plus petit de 12712 kilomètres.

La différence ou l'*aplatissement* de la terre aux pôles est donc de 40 kilomètres.

N° 2 — Système planétaire.

Au second siècle de l'ère chrétienne, Ptolémée enseignait que la terre occupait le centre de l'Univers, que le soleil, la lune, les planètes tournaient autour d'elle.

Au delà de ces astres, il supposait une sphère concave immense, sur laquelle était fixées les étoiles.

Mais ce système, qui porte le nom du célèbre astronome égyptien, se trouvait en désaccord avec diverses observations.

Déjà, en l'an 500 avant Jésus-Christ, Pythagore annonçait qne la terre tourne autour du soleil. Cependant cette doctrine, complètement opposée aux idées généralement admises à cette époque, ne fut pas adoptée.

Au seizième siècle de notre ère, Copernic, astrome polonais, reconnut, après de longues et savantes observations, que le système de Ptolémée était complètement faux, que le soleil occupe le centre du monde planétaire, que la terre et les autres planètes opèrent leurs révolutions autour de lui.

Son système, que représente le tableau, ne fut pas admis sans obstacle, mais enfin il prévalut, et les observations, faites depuis, l'ont complètement confirmé.

Voici l'ordre, dans lequel les planètes circulent autour du soleil. La plus rapprochée est Mercure. Viennent ensuite Vénus, la Terre, Jupiter, Saturne, Uranus et Neptune.

N° 3. — Révolution annuelle de la terre.

Ainsi que le montre le tableau précédent, la terre tourne autour du soleil. Cette révoiution s'opère en 365 jours 6 heures. C'est l'année civile.

La terre parcourt son orbite avec une vitesse d'environ 7 lieues par seconde.

La distance de la terre au soleil est telle, qu'un boulet, conservant sa vitesse initiale mettrait 12 ans pour la franchir.

Le diamètre du soleil est 108 fois plus grand que celui de la terre, et les poids des deux astres sont dans le rapport de 1 à 324,000, c'est-à-dire que, si l'on pouvait mettre le soleil dans le plateau d'une balance, pour y faire équilibre, il faudrait placer dans l'autre plateau 324,000 globes lourds comme la terre.

En suivant la marche de la terre sur ce tableau nº 3, on la voit passer par les différents signes du zodiaque; ainsi que chacun le sait, ces signes sont au nombre de 12 et correspondent aux mois de l'année, pendant lesquels le soleil parait occuper chacun d'eux.

On remarquera, en outre, que la partie de la terre, opposée au soleil, est dans l'ombre ou dans la nuit.

La combinaison de la translation annuelle de la terre avec le mouvement de rotation diurne sur son axe produit la succession des années et celle du jour et de la nuit. L'axe n'étant pas droit, mais incliné, le jour ne reste pas toute l'année égal à la nuit; au contraire, leurs durées respectives varient sans cesse, et *les saisons* se succèdent suivant l'inclinaison de l'axe et la position de l'hémisphère terrestre, tourné vers le soleil.

Nº 4. — Rotation diurne de la terre.

Indépendamment de son mouvement annuel autour du soleil, la terre tourne sur elle-même en 24 heures, ainsi que le représente le tableau.

Si l'on regarde la terre en face, en se supposant placé dans le prolongement de l'axe on verra tous les méridiens partant du pôle rayonner vers l'équateur et la terre tourner de face, de manière à partager également les 24 heures en 12 heures du jour et 12 heures de nuit.

En suivant sur la figure un méridien quelconque de la terre, on le voit arriver au jour à 6 heures, puis gagner midi et repasser sur 3 heures, et enfin, à 6 heures du soir, rentrer dans la nuit.

Le phénomène est exactement le même pour les autres méridiens du globe.

N° 5. — Révolution de la lune autour de la terre.

En parcourant l'espace et en opérant sa révolution autour du soleil, la terre emporte son satellite avec elle.

La lune met un peu moins de 1 mois à parcourir son orbite autour la terre. L'intervalle de 29 jours 1/2 entre deux nouvelles lunes forme le mois lunaire.

Le tableau représente le mouvement des deux astres et fait voir, en outre, les différentes phases de la lune.

Quant à la distance de la terre à la lune, elle est égale à environ 60 rayons terrestres. Le boulet, que nous avons déjà pris pour exemple, mettrait 11 jours à parcourir cet espace.

N° 6. — Phénomènes des marées.

Les marées sont le résultat de l'attraction exercée par le soleil et la lune sur la partie liquide du globe terrestre.

Suivant les positions respectives du soleil, de la lune et de la terre, le phénomène se manifeste plus ou moins fortement.

Lors de la nouvelle lune, lorsqu'elle est en conjonction avec le soleil, ainsi qu'on le voit sur le tableau, les deux astres sont du même côté de la terre. Leur action combinée produit alors une grande marée.

Si nous faisons tourner la lune, elle devient de plus en plus visible et, au moment de la quadrature, c'est-à-dire lorsqu'elle se trouve à angle droit avec la ligne passant par le soleil et la terre, nous remarquons que la marée est moins forte que lorsque le soleil et la lune agissent ensemble, car, dans cette seconde position, ils agissent chacun de leur côté ; on voit, ainsi que le montre le tableau, que la marée produite par la lune est plus forte que celle produite par le soleil ; la lune, malgré sa faible masse, exerce, en effet, une action beaucoup plus forte, par suite de son rapprochement de la terre.

Si la lune continue sa marche jusqu'au moment où elle sera dans son plein, elle se trouvera en opposition avec le soleil, et, dans ce cas, ils agissent encore ensemble pour produire une grande marée.

Lorsque enfin la lune, en continuant sa course, arrive à son dernier quartier, elle se trouve encore en quadrature et détermine une marée moyenne comme au premier quartier.

N° 7. — Orbites de Mercure et de Vénus.

Ce tableau représente les orbites des deux planètes Mercure et Vénus, qui se trouvent entre la terre et le soleil.

Mercure, la planète la plus rapprochée du soleil, parcourt son orbite en 88 jours, qui forment son année.

Cette orbite est parcourue avec une vitesse d'environ 16000 myriamètres par heure. Le diamètre de Mercure est environ le 1/3 de celui de la Terre.

Vénus, dont le diamètre est presque égal à celui de la terre, est pour nous la plus brillante des planètes ; elle parcourt son orbite en 225 jours.

Ainsi qu'on le voit sur le tableau, Vénus est, à certains moments, beaucoup plus rapproché de la terre que lorsqu'elle passe de l'autre côté du soleil ; les différences de distance déterminent les grands changements que l'on remarque dans l'éclat et le diamètre de cette planète.

Par suite de ses changements de position, Vénus a des phases comme la lune.

Nº 8. — Marche d'une comète.

Les comètes sont des astres errants, dont la marche est fort singulière.

Après avoir été longtemps un objet de terreur et avoir excité la curiosité par leur forme bizarre, elles ont pu être également soumises aux calculs de l'astronomie.

Dans les temps modernes, on est arrivé à déterminer les orbites d'un certain nombre d'entre elles. On a reconnu qu'elles décrivent des ellipses très allongées ; ces orbites sont parcourus avec des vitesses énormes, qui ne permettent pas toujours de faire des observations suffisantes.

Nous les voyons apparaître un jour, changer de place très rapidement dans le ciel, puis disparaître, pour ne plus revenir qu'au bout d'un grand nombre d'années.

Nº 9. — Eclipse de lune.

La lune n'étant pas lumineuse par elle-même, l'éclat que nous lui voyons provient de la réflexion des rayons solaires à sa surface. Pendant que nous examinons la lune, si un corps vient à se trouver entre elle et le soleil, les rayons lumineux seront interceptés, et la lune cessera de briller.

C'est ce qui arrive, lorsque, à certains moments, la terre vient à se trouver entre la lune et le soleil.

Suivant la position de la lune, les éclipses sont partielles ou totales ; ces éclipses sont visibles à l'aide de ce tableau.

L'ombre, projetée par la terre, est limitée par une pénombre, que l'on remarque au commencement et à la fin de chaque éclipse. Cette pénombre est due à l'atmosphère qui entoure le globe terrestre.

Nº 10. — *Eclipse de soleil.*

Lorsqu'aucun corps ne se trouve entre la terre et le soleil, nous l'apercevons comme un disque rond, quelquefois parsemé de taches sombres, attribuées à des déchirures de son enveloppe lumineuse.

Quand un astre, tel que Mercure ou Vénus, par exemple, vient à passer devant le soleil, il se détache en noir, ainsi que le représente le point qui traverse le tableau.

Lorsque, dans de certaines conditions, la lune se trouve entre le soleil et la terre, nous observons des éclipses, qui sont partielles, totales ou annulaires.

Dans le premier cas, ainsi qu'on le voit, une portion du disque solaire se trouve masquée.

Dans l'éclipse totale, la lune passe devant le Soleil suivant un de ses diamètres, de sorte que lorsque l'éclipse est à son milieu, elle est totale.

Suivant les époques des éclipses, le diamètre apparent de la lune est plus ou moins grand. Lorsqu'il est moindre que celui du soleil, l'éclipse est annulaire. C'est ce dernier cas que représente le tableau.

F. Aureau. — Imprimerie de Lagny.

www.ingramcontent.com/pod-product-compliance
Ingram Content Group UK Ltd.
Pitfield, Milton Keynes, MK11 3LW, UK
UKHW022014170726
13837UKWH00001B/178

9 782329 494388